Anselm Grün

Im Zeitmaß der Mönche

HERDER spektrum

Band 5426

Das Buch

Die modernen Menschen sind gehetzt, jagen im Alltag hinter immer neuen Zielen her und verlieren dabei den tieferen Sinn ihres Lebens nicht selten aus den Augen. Wenn Zeit Geld wird und das Leben zur „letzten Gelegenheit", dann wird die Lebenszeit überfrachtet und der Alltag gerät oft zum Hamsterrad außengeleiteter Ansprüche. Auch mehr Freizeit hat in unserer Welt nicht immer den ersehnten Zeitwohlstand gebracht. Anselm Grün ist davon überzeugt: „Die Zeiterfahrung der Mönche, die andere Zeitkultur, die in den Klöstern gelebt wird, hat auch für Menschen etwas zu sagen, die nicht im Kloster, sondern in der modernen Welt leben."

Lebenskunst und Lebenswissen der Mönche, die heute viele suchende Menschen faszinieren, hängen in der Tat auch mit der anderen Erfahrung von Zeit zusammen. Mönche sind Meister der Zeit. Kaum ein anderer Ordensgründer hat den Tagesablauf der Mönche so strukturiert wie der hl. Benedikt. Anselm Grün erzählt von der Zeiterfahrung der Mönche. Und er erschließt und vermittelt die aktuelle „Botschaft" der im klösterlichen Leben tradierten Zeiterfahrung und Zeitgestaltung gerade für Menschen, die außerhalb des Klosters leben. Mönche gestalten den Tag anders, sie erfahren die Zeit als „qualitative" – in einem strukturierten Ablauf, der voll von spiritueller Bedeutung ist und den Tag, die Woche und das Jahr – ja das ganze Leben – immer wieder transparent macht auf die Dimension des Ewigen. Im Stundengebet – von der morgendlichen Vigil bis zur nächtlichen Komplet – wird eine innere Struktur, ein Weg durch die Zeit sichtbar, der anders ist als der Terminkalender oder die Stechuhr, mit der die moderne Zeit-Ökonomie operiert: Lebenskunst aus dem Kloster.

Der Autor

Anselm Grün OSB, Dr. theol., geb. 1945, verwaltet die Benediktinerabtei Münsterschwarzach. Geistlicher Berater und Kursleiter für Meditation, Fasten und Kontemplation. Zahlreiche Publikationen. Zuletzt: Kleines Buch vom wahren Glück; Buch der Sehnsucht; Buch der Lebenskunst; Mein Weg ins Weite.

Anselm Grün

Im Zeitmaß der Mönche

Vom Umgang mit einem wertvollen Gut

FREIBURG · BASEL · WIEN

Gedruckt auf umweltfreundlichem,
chlorfrei gebleichtem Papier

Zweite Auflage

Originalausgabe

www.herder.de
Satz: Dtp-Satzservice Peter Huber, Freiburg
Herstellung: fgb · freiburger graphische betriebe 2005
www.fgb.de
Umschlaggestaltung und Konzeption:
R·M·E München / Roland Eschlbeck, Liana Tuchel
Umschlagmotiv: © Stockfood
Autorenfoto: Micha Pawlitzki
ISBN 3-451-05426-4

Inhalt

Vom Zeitmaß der Mönche – Einleitung

Gäste, die an meinen Kursen in der Abtei Münsterschwarzach teilnehmen, erzählen mir immer wieder, wie gut ihnen der Rhythmus tut, auf den sie sich im Kloster einlassen. Sie haben den Eindruck, dass die Zeit sinnvoll genutzt wird. Und sie spüren die heilende Wirkung der klösterlichen Tagesordnung. Männer und Frauen, die sich im Gästehaus geistlich begleiten lassen, erleben oft innerhalb einer Woche mehr Heilung als durch eine länger andauernde Therapie. Das liegt nicht nur an den Begleitern im Gästehaus. Die Gäste meinen, die Teilnahme am klösterlichen Leben würde in ihnen therapeutische Prozesse in Gang setzen oder verstärken. Wenn sie daheim Therapie machen, müssen sie nach der Therapiestunde immer wieder in die Hektik des Alltags zurückkehren. Hier im Gästehaus dürfen sie sich einlassen auf einen vorgegebenen Rhythmus. Sie müssen nicht überlegen, was sie tun sollen. Sie lassen sich in eine Struktur einbinden, die offensichtlich ihre Seele beruhigt und rhythmisiert.

Ich möchte in diesem Buch nicht allzu viel theoretisch über die Zeit reflektieren. Das hat Karlheinz A. Geißler in seinen Büchern bereits in hervorragender Weise getan. Seinen Gedanken verdanke ich wesentliche Impulse. Ich möchte einfach davon erzählen, wie ich die Zeit im Kloster erlebe und wie die geistliche Tradition die Zeit gesehen hat. Der Leser, der in anderen Lebensumständen lebt, wird bei der Lektüre vermutlich feststellen, dass er seine Zeit anders erfährt. Doch ich bin überzeugt: Die Zeiterfahrung der Mönche, die andere Zeitkultur, die in den Klöstern gelebt wird, hat auch für Menschen etwas zu sagen, die nicht im Kloster, sondern in der modernen Welt von heute leben. Ich hoffe, dass die Erfahrungen der Mönche auch und gerade heute möglichst vielen Menschen, die unter dem Zeitdruck der modernen Welt leiden, eine Hilfe und eine Inspiration sind. Es kann dabei nicht um Nachahmung gehen. Aber die Erfahrungen der Mönche können vielleicht dazu anregen, von diesem anderen Zeitmaß zu lernen. Im Kern kann das darin bestehen, den Tag und das Jahr anders zu strukturieren, einem eigenen Rhythmus zu trauen und so der Seele gemäß zu leben. Das Zeitmaß der Mönche ist von einer alten Regel geformt und seit jeher eingebunden in einen liturgischen Kosmos, der den Tag, das Jahr und den Ablauf des ganzen klösterlichen Lebens bestimmt. Ich wünsche dem Leser, dass er auch außerhalb des Klosters solche Orte und Möglichkeiten erfährt, an denen er eine andere Art von Zeit, eine seiner Seele gemäße Zeit erleben kann.

1.
Von der Zeit als einem göttlichen Geheimnis – Wie die Alten die Zeit erfuhren

Kronos – der unbarmherzige Vater der Zeit

Die Griechen kannten zwei Wörter für die Zeit. Und beiden Begriffen ordneten sie Götter zu. Das zeigt, dass die Zeit für sie ein göttliches Geheimnis war, dass sie nicht einfach nur etwas rein Äußerliches war, das man mit der Uhr messen konnte.

Das eigentliche Wort für Zeit war „chronos". Chronos wurde mit dem Gott Kronos identifiziert, der „der unbarmherzige Vater der Zeit" ist (Seifert 155). Kronos war ein Sohn des Uranos und der Gaia. Er befreite seine Geschwister aus dem Leib der Erde, in den Uranos die Neugeborenen zurückgestoßen hatte. So wurde er der Anführer der Titanen. Mit seiner Schwester Rheia zeugte Kronos die olympischen Götter. Doch aus Angst vor einem männlichen Nachfolger verschlang er seine Kinder. Nur das jüngste Kind, Zeus, konnte Rheia retten, indem sie dem Vater einen in Windeln gewickelten Stein reichte. Als Zeus herangewachsen war, zwang er seinen Vater, seine Geschwister auszuspeien. Mit ihrer Hilfe überwand Zeus den Kronos und regierte nun vom Olymp aus das Geschick der Menschen.

Wenn wir diesen Mythos deuten, so wird ein wesentlicher Aspekt der Zeit sichtbar. Die Zeit verschlingt ihre Kinder. Die Zeit hat Angst vor einem Nachfolger, Angst vor der Zukunft. Sie möchte alles in ihrem Schlund begraben. Sie ist von Angst geprägt und getrieben. Der alte griechische Mythos wirft ein Licht auf die bis heute feststellbare Angst der Menschen, die Zeit könne ihnen abhanden kommen. Und wir können es tatsächlich bis heute und im ganz normalen Alltag immer wieder beobachten: In einer Zeit, die nur nach dem „Chronometer" gemessen wird, kann nichts aufblühen. Da ist es nicht verwunderlich, dass die Kinder verschlungen werden. Was sich der Zeit nicht unterwirft – und Kinder lassen sich nicht in das enge Korsett unserer messbaren Zeit pressen –, darf nicht aufblühen. In der westlichen Welt herrscht immer mehr Kronos. Wir unterwerfen uns der messbaren Zeit. Wir machen minutengenaue Termine, schauen ständig auf die Uhr, ob der andere seinen Termin auch pünktlich einhält und ob wir selbst zur vereinbarten Zeit eintreffen. Die messbare Zeit zwingt uns, unser Leben in ein enges Korsett zu zwängen. Der Gott Kronos ist ein Tyrann. Unter seiner Tyrannei leiden heute wohl die meisten Menschen. Doch die Herrschaft des Kronos führt nicht dazu, dass die Zeit effektiv genutzt wird. Sie erzeugt nur Druck und Angst, doch keine Fruchtbarkeit. Es wächst nichts Neues. Es entsteht nichts, was bleibt. Alles geht rasend weiter.

Michael Ende hat diesen Mythos in seinem Buch „Momo" neu gedeutet. Er schreibt über die grauen Herren von der Zeitsparkasse, die den Menschen ein Zeitsparkonto anbieten und ihnen damit ihre erlebte Zeit rauben möchten. Sie haben Momo, das Kind, das ganz im Augenblick lebt, als ihren Hauptfeind erkannt. In einem Großeinsatz möchten sie seiner habhaft werden. Doch die Schildkröte führt Momo sicher vor ihren Verfolgern weg. Die grauen Herren treten in ihrem Auto aufs Gas, aber sie kommen keinen Schritt voran, während Momo und ihre Schildkröte ganz langsam gehen und den Verfolgern trotzdem entkommen. Momo, das Kind, das sich ganz dem Augenblick hingeben kann, ist letztlich schneller als die gehetzten Herren von der Zeitsparkasse. Es sind graue Herren, farblose, leblose Herren, die nur funktionieren, es aber verlernt haben, wirklich zu leben.

Kairos – der Gott des rechten Augenblicks

Der andere Ausdruck für Zeit in der griechischen Tradition ist „kairos“. Kairos ist der rechte Augenblick, die Gelegenheit, der Vorteil, das rechte Maß. Die Römer stellen den männlichen Gott Kairos weiblich dar, als „occasio“: Gelegenheit. Der griechische Gott des rechten Augenblicks hat, wenn er bildlich dargestellt wird, an den Füßen oder an den Schultern Flügeln. Er geht auf Zehenspitzen oder steht auf Rädern und balanciert eine Waage auf einer Rasierklinge. Interessant ist sein Kopf. Auf der Stirn trägt er einen Haarschopf. Der Hinterkopf ist dagegen kahl. Mit dieser Darstellung wollten die Griechen zeigen: Man muss die Gelegenheit beim Schopfe packen. Der Augenblick ist flüchtig, so wie es der glatte Hinterkopf zeigt. Wenn der Augenblick vorbeigeeilt ist, kann man ihn nicht einholen. Daher muss man dem Kairos von vorne begegnen und ihn ergreifen, sobald er sich zeigt. Für die Pythagoreer steht der Kairos für die Zahl Sieben. Das erinnert an die biblische Schöpfungsgeschichte. Der siebte Tag, an dem Gott ausruht, zeigt etwas von dieser Qualität, mit der die alte griechische Philosophenschule den Kairos bedacht hat.

Die erfüllte Zeit – das Verständnis der Bibel

Im Neuen Testament hat der Kairos eine große Bedeutung. Kairos ist der entscheidende Zeitpunkt, an dem Gott dem Menschen das Heil anbietet. Doch die Menschen haben die

Zeit der Gnade nicht erkannt (Lk 19,44). Das erste Wort, das Jesus im Markusevangelium spricht, lautet: „Die Zeit (kairos) ist erfüllt, das Reich Gottes ist nahe“ (Mk 1,15). Zeit ist immer jener Augenblick, in dem ich Gott begegne, in dem Gott mir seine Nähe zeigen und mir seine Gnade und Zuwendung schenken möchte. Meine Aufgabe ist es, mich auf diesen Augenblick einzulassen und mich für Gottes heilende und liebende Nähe zu entscheiden, anstatt vor mir und vor Gott davonzulaufen in eine Zeit hinein, die einfach nur verrinnt. Die erfüllte Zeit ist nach diesem Verständnis die Zeit, in der Zeit und Ewigkeit zusammenfallen. Es ist die Zeit, die von Gott erfüllt ist. Die Mystiker haben über die Fülle der Zeit nachgedacht, allen voran Meister Eckhart, der darüber schreibt, dass Gott selbst in die Zeit gekommen ist und sie dadurch verwandelt hat. Durch die Menschwerdung Gottes hat sie eine andere Qualität bekommen. Die Zeit ist nicht mehr ein knappes Gut, das der Mensch möglichst ausnutzen muss, sondern der Ort, an dem der Mensch mit Gott eins wird. Wer ganz im Augenblick ist, für den erfüllt sich die Zeit, der wird von Gott erfüllt, der wird eins mit sich und mit Gott, für den steht die Zeit still.

Paulus zitiert im zweiten Korintherbrief den Propheten Jesaja: „Zur Zeit der Gnade erhöre ich dich, am Tag der Rettung helfe ich dir“ (2 Kor 6,2; Jes 49,8). Und dann behauptet er: „Jetzt ist die Zeit der Gnade; jetzt ist er da, der Tag der Rettung“ (2 Kor 6,2). Im Griechischen heißt es eigentlich: „Jetzt ist die hochwillkommene Zeit (kairos euprosdektos).“ „Dektos“ ist das, was man annehmen kann, woran man Wohlgefallen findet, was angenehm ist. Für Paulus ist die angenehme Zeit die Zeit, die vom göttlichen Wohlgefallen und von der Gegenwart Gottes geprägt ist. Es ist die ersehnte Zeit, die Zeit, die meine Sehnsucht nach Heil und Heilung, nach Rettung und Erlösung erfüllt. Die angenehme Zeit hat eine gute Qualität. Sie ist gekennzeichnet von Gnade, Liebe, Heilung, Ganzheit, Fülle. Für Paulus ist diese Zeit geprägt durch die Nähe Jesu. Jesus Christus ist bei uns. Durch ihn ist die Zeit in ihre Fülle gekommen. Alle Sehnsucht nach einer Heilszeit, nach einer Zeit, in der der Mensch heil wird und zu seinem wahren Wesen kommt, ist in Jesus Christus erfüllt worden. Daher leben wir jetzt in einer Zeit der Gnade und des göttlichen Wohlwollens. An uns liegt es, dass wir Gottes Wohlwollen an uns geschehen lassen, dass wir ganz gegenwärtig sind, um dem gegenwärtigen Gott begegnen zu können.

Horen – Boten Gottes aus einer anderen Welt

Das griechische Wort für Stunde heißt „hora". Doch die Horen sind nicht Stunden in unserem Sinne, also eine klar begrenzte Zeitdauer von 60 Minuten. Vielmehr sind die Horen „göttliche Wesen des Zeitenwechsels" (Pauly 715). Die Horen sind in der Mythologie der Griechen anmutige Göttinnen, die immer gemeinsam mit Göttern auftreten, mit Aphrodite, Demeter, Dionysos und Apollon. In der Odyssee begleiten die Horen das Jahr. Sie schenken den Menschen den Frühling und fördern das Wachstum des Getreides und der Trauben. Die Athener nennen die Horen „Thallo, Auxo und Karpo, also „Schützerinnen des Blühens, Wachsens und Reifens" (Löhr 20). Der Dichter Hesiod nennt drei andere Horen: Eunomia, Dike und Eirene, Regelmaß, Recht und Friede. Für ihn sind diese drei Horen Töchter des Zeus und der Themis. In diesen beiden Auffassungen zeigt sich, dass die Horen sowohl mit der Natur zu tun haben und dort die regelmäßige Wiederkehr von Blütezeit und Reifezeit verbürgen als auch mit den Menschen, denen sie das Leben strukturieren und das rechte Maß schenken. Die Horen sind Boten Gottes aus einer anderen Welt. Sie sind also wie Engel, die uns daran erinnern, dass jeder Augenblick Gott gehört. Friedrich Schiller bezieht sich wohl auf die griechische Anschauung der Zeit, wenn er schreibt: „Des Menschen Engel ist die Zeit." Engel sind Boten Gottes, die uns eine wichtige Botschaft vermitteln und uns in Berührung bringen mit unserem wahren Wesen. Die Zeit ist so ein Bote Gottes, der uns darauf hinweist, worauf es eigentlich in unserem Leben ankommt. Der Engel der Zeit macht uns darauf aufmerksam, dass unsere Zeit begrenzt ist, dass wir sie deshalb bewusst und achtsam durchleben sollen. Und der Engel der Zeit weist uns in der Zeit auf das hin, was die Zeit übersteigt, auf den Ort der Stille in uns, an dem die Zeit still steht, an dem reine Gegenwart ist. In uns selbst ist mitten in der Zeit etwas, das der Zeit entzogen ist. Es ist der innere Raum der Stille, in dem Gott in uns wohnt. Dort wo der ewige Gott in uns wohnt, haben wir teil am reinen Augenblick, an der Ewigkeit, über die die Zeit nicht mehr verfügen kann.

Der Dichter Pindar nennt die Horen die „Vielblumigen". Sie atmen etwas von der Zartheit und Schönheit der Jugend. Sie bringen den Menschen neues und frisches, unverbrauchtes Leben und verschönern ihr Dasein. Daher ist für die Griechen „horaios" identisch mit „kalos" (schön und gut). Was den Horen entspricht, ist schön. Alles Unzeitgemäße, Übertriebene ist „aoros": hässlich und widerwärtig. Die Lateiner haben diese Auffassung der Griechen übernommen, wenn sie die Zeit (tempus) mit „Ordnen" und „Mäßigen" (temperare) verbinden.

Heilige Zeit – heilende Zeit

Die „Hore“ ist auch ein wichtiger Begriff im Johannesevangelium. Schon bei der Hochzeit zu Kana sagt Jesus zu Maria: „Meine Stunde ist noch nicht gekommen“ (Joh 2,4). Die Stunde, von der Jesus immer wieder spricht, ist die Stunde seines Todes. Am Kreuz wird Jesus verherrlicht, da leuchtet Gottes Herrlichkeit in ihm auf. Und am Kreuz wird seine Seite durchbohrt und Blut und Wasser strömen heraus – ein Bild für den Heiligen Geist, der in der Stunde des Todes Jesu auf die Menschen ausgegossen wird. Johannes spricht zweimal von der sechsten Stunde. Um die sechste Stunde setzt sich Jesus müde an den Brunnen von Sychar (Joh 4,6). Und um die sechste Stunde verurteilt Pilatus Jesus zum Tod (Joh 19,14). Die sechste Stunde ist die Zeit, in der unsere Zeit mit ihrer Arbeit und Mühe zu Ende kommt. Die Zahl sechs verweist bei Johannes immer auf die Sieben. Sechs steinerne Krüge bei der Hochzeit zu Kana zeigen auf den siebten Krug, der im Tod Jesu geöffnet wird und aus dem uns die göttliche Liebe entgegenströmt. Die sechs Männer der Frau verweisen auf den siebten Mann, der ein Herz für uns hat. Die siebte Stunde wird nicht mehr mit Namen genannt. Nach der sechsten Stunde kommt eine andere Stunde, in der das Göttliche einbricht in diese Welt. Da kann man die Zeit nicht mehr zählen. Da entsteht heilige Zeit, heilende Zeit. Da steht die Zeit still. Und dort, wo heilige Zeit ist, vermag unsere unstete und rastlose Zeit zu heilen.

Jesus unterscheidet seine Zeit von der Zeit der anderen Menschen. So sagt er zu seinen Brüdern, die ihn drängen, nach Jerusalem zu gehen, um seine Werke zu vollbringen und sich öffentlich zu zeigen: „Meine Zeit (kairos) ist noch nicht gekommen, für euch aber ist immer die rechte Zeit“ (Joh 7,6).

Für die Brüder ist immer rechte Zeit. Sie leben nur oberflächlich. Ihnen geht es um Ansehen und Erfolg. Dafür ist immer Zeit. Doch Jesus hört auf den Vater. Und er achtet darauf, wann die Zeit für ihn da ist, da der Vater ihn verherrlichen möchte. Zeit ist für Jesus etwas, was der Vater ihm schenkt. Nach meinen irdischen Maßstäben kann ich diese Zeit nicht möglichst effektiv ausnützen. Ich soll vielmehr darauf hören, was Gott mir in der Zeit sagen und wohin er mich führen möchte. Die Zeit darf nicht einfach nach der Uhr gemessen werden. Die rechte Zeit für mich ist der mir von Gott geschenkte Augenblick. Es ist letztlich heilige Zeit, die der Macht dieser Welt entzogen ist. Das Heilige ist ja grundsätzlich das Abgegrenzte, Ausgesonderte, Unberührbare, über das die Welt nicht bestimmen kann.

2. Von den Horen der Mönche – Die Engel der Zeit

Das Verständnis der Zeit, wie sie in der Bibel erscheint, prägt auch den Umgang der Mönche mit der Zeit. Die monastische Tradition weiß um die rechte Zeit, die Zeit der Gnade, die angenehme und hochwillkommene Zeit, in der Gott sein Werk an uns wirkt. Daher unterbrechen die Mönche ihr Tagwerk immer wieder mit den Gebetszeiten, die sie „Horen" nennen. Die Horen verweisen auf die Stunde, in der Gott seinen Sohn verherrlicht und in denen er seine Herrlichkeit auch für die Mönche aufscheinen lässt. Denn Liturgie ist der Ort, an dem Himmel und Erde sich berühren, an dem der Himmel über den Betenden aufleuchtet. Der österreichische Benediktiner David Steindl-Rast nennt die Horen „Engel, denen wir zu bestimmten Zeitpunkten im Laufe des Tages begegnen". Engel, so haben wir gesagt, sind Boten Gottes, die aus einer anderen Dimension kommen und uns daran erinnern, dass jede Stunde ihre eigene Qualität hat, ihr eigenes Geheimnis. So wie wir auf die Engel als Boten Gottes hören sollen, was sie uns zu sagen haben, so sollen wir auf die Horen horchen, damit wir in Einklang kommen mit der „Zeit, die nicht unsere Zeit ist", wie T. S. Eliot es einmal ausgedrückt hat. Der Engel der Zeit lädt uns ein, unsere Zeit, die wir mit Arbeit zustopfen, loszulassen und uns Zeit zu lassen für das Gebet. David Steindl-Rast meint: „In dem Augenblick, wo wir unsere Zeit loslassen, haben wir alle Zeit der Welt. Wir sind jenseits der Zeit, weil wir in der Gegenwart sind, im Jetzt, das Zeit überwindet" (Steindl-Rast 30).

Bei Benedikt waren es sieben Horen des Tages und die Nachtwache. Wir selbst kommen nur noch fünfmal am Tag zum gemeinsamen Gebet zusammen. Der Arbeitsrhythmus der modernen Zeit fordert auch bei uns seinen Tribut. Doch wir möchten das Zeitmaß und Zeitverständnis der Alten verbinden mit den Erfordernissen unserer Zeit, ohne uns vom modernen Zeittempo tyrannisieren zu lassen. Es ist für uns immer wieder eine neue Herausforderung, uns von der Morgenhore, der Mittagshore, der Abendhore und Nachthore daran erinnern zu lassen, dass unsere Zeit geschenkte Zeit ist, Zeit der Gnade. Die Griechen sangen zu der Zeit, da sie die reifen Feigen pflücken konnten, von den „horai philai“: den lieben Horen, den lieben Stunden. Die Gebetszeiten erinnern uns daran, dass jede Hore eine liebe Hore, eine liebe Zeit ist, eine Zeit, in der wir der Liebe Gottes in ihrer Vielgestalt begegnen dürfen. Denn die frühen Christen haben jede Stunde mit einem anderen Mysterium aus dem Leben Jesu verbunden.

Vigil – die Nachtwache

Die liturgische Tradition, der Benedikt sich verpflichtet weiß, hatte ein tiefes Gespür für die Qualität jeder einzelnen Stunde und Zeit. Die Nacht ist die Zeit, da wir Christus als den Bräutigam erwarten. Die Gebetszeit während der Nacht – oder bei Benedikt etwa ab 3.00 Uhr morgens – heißt Vigil, d. h. Wache. Die Vigil beinhaltet einmal das bewusste Nicht-Schlafen-Wollen, das Wachbleiben, das die griechischen Philosophen übten, um die Seele aus dem Schlaf des Erdendaseins zu befreien und zu ihrem ursprünglichen reineren Sein zurückzuführen. Die Griechen und Römer kannten nächtliche Feiern, von denen sie sich die Einweihung in tiefere

Geheimnisse erhofften. Die Vigil bezeichnet aber auch die Nachtwache zur Sicherheit der Stadt. Der Begriff kommt aus der Soldatensprache. Der Soldat muss in der Nacht auf Posten stehen und Wache halten. Die Mönche wachen, um im Gebet Gott zu begegnen. Und sie wachen für die Menschen. Sie vollziehen mit ihrer nächtlichen Wache einen Dienst an der Welt. Sie wachen betend, damit die Menschen nicht von inneren Feinden überfallen werden. Die Vigil ist die längste Gebetszeit. Da rezitiert man Psalmen und meditiert sich in das Geheimnis des Lebens vor Gott hinein. Während alle anderen schlafen, wachen die Mönche, damit die Welt nicht ins Unbewusste versinkt, sondern von Gottes Geist aufgeweckt wird und der Wirklichkeit mit offenen Augen begegnet. Und sie wollen wachend teilhaben am Gebet Jesu, von dem Lukas sagt: „Er durchwachte die Nacht im Gebet zu Gott" (Lk 6,12).

Die Psalmen sprechen immer wieder davon, dass man gerade nachts über Gottes Weisung und Gottes Handeln nachsinnen soll. „Des Nachts, o Herr, gedachte ich deines Namens, und ich achtete auf deine Weisung" (Ps 119,55). Und der hl. Benedikt gibt als Begründung für die Nachtwache der Mönche einen anderen Vers aus seinem Lieblingspsalm, dem Weisheitspsalm 119, an: „Um Mitternacht stehe ich auf, dich zu preisen wegen deiner gerechten Entscheide" (Ps 119,62). Die Nacht ist die Zeit, über Gottes Taten nachzudenken. Daher sieht Benedikt Lesungen aus der Bibel und den Erklärungen durch die Väter vor. Die Mönche sollen das Wort Gottes in ihr Herz fallen lassen. Für Benedikt ist Mystik immer Schriftmystik. Die tiefste Gotteserfahrung machen wir, indem wir das Wort Gottes in uns Fleisch werden lassen. Die Nacht ist dazu die geeignetste Zeit. Wenn alles um uns herum still ist, kann Gott unser Ohr am ehesten erreichen.

Laudes – das Morgenlob

Die Laudes ist das Morgenlob, das schon die Juden zur Zeit des Sonnenaufgangs pflegten. Die Christen werden dabei an die Sonne der Auferstehung erinnert, die aus der Dunkelheit des Grabes aufleuchtet. Sie preisen in der Laudes das Geheimnis der Auferstehung Jesu Christi, durch die ihr Leben hell und heil geworden ist. Es ist die Zeit der Morgenröte, die schon die Griechen als Eos, als göttliches Wesen, bezeichneten und die sie die Schöne und Geliebte nannten. Im kirchlichen Morgenlob klingt noch etwas nach von der Sonnenfrömmigkeit der Griechen. Doch die Schönheit der aufgehenden Sonne wird zum Symbol für die Auferstehung Jesu, in der all unsere Dunkelheit überwunden ist. Wenn die Sonne aufgeht, dann wird das menschliche Herz offen, Gott zu loben. Es hängt nicht mehr an den nächtlichen Träumen oder an der depressiven Stimmung der Nacht. Es erfährt vielmehr, was der Psalmist singt: „Kehrt am Abend Weinen ein, – bis zum Morgen ist's Jubel" (Ps 30,6). Und mit Psalm 92 betet er: „Schön ist es, dem Herrn zu danken, deinem Namen zu singen, du Höchster, am Morgen zu verkünden deine Liebe, und deine Treue in den Nächten" (Ps 92,1f).

Die Hymnen der Laudes besingen das Geheimnis des anbrechenden Tages. Wenn das Reich der Schatten zurückweicht, dann weckt Christus selbst uns vom Schlafe auf: „Du, Christus, bist der helle Tag, das Licht, dem unser Licht entspringt, Gott, der mit seiner Allmacht Kraft die tote Welt zum Leben bringt" (Hymnus vom Freitag). Und die Hymnen verweisen auf den letzten Morgen, den wir erwarten, an dem uns Christus für immer als Licht aufgehen wird. Dieser letzte Morgen „finde wachend uns beim Lob und überschütte uns mit Licht" (Hymnus am Donnerstag).

Prim – der Segen für die Arbeit des Tages

Auf die Laudes folgt nach der Regel des hl. Benedikt die Prim. Es ist die erste Stunde, in der der Mensch an sein Tagwerk geht. Die Prim ist die Stunde des Segens für die Arbeit des Tages. Sie ist von den Mönchen eingeführt worden. In diesem morgendlichen Werksegen bittet der Mönch um den Beistand Gottes für sein menschliches Tun. Während die Laudes auf das Geheimnis der Auferstehung schaut, das sie in der aufgehenden Sonne erblickt, richtet der Mönch in der Prim seinen Blick auf die Arbeit, die am Tag anfällt. In der Prim verbindet er Gebet und Arbeit. Da erfleht er Gottes Hilfe für alles, was er im Laufe des Tages in Angriff nimmt. Die Zeit der beginnenden Arbeit hat ihre eigene Qualität. Sie atmet die Frische des Unverbrauchten und die Hoffnung, dass das Werk gelingen möge.

Terz – ein Innehalten

Die Terz (etwa 9.00 Uhr) bezeichnet den Höhepunkt des Vormittags. Die dritte Stunde ist die Zeit, da der Heilige Geist an Pfingsten über die Jünger ausgegossen wurde. Petrus erwähnt diese Stunde in seiner Pfingstpredigt: „Es ist ja erst die dritte Stunde am Morgen“ (Apg 2,15). In der Terz erbitten die Mönche den Heiligen Geist, damit er ihr Werk befruchte. Sie spüren, dass alle Arbeit ohne die inspirierende und stärkende Kraft des Heiligen Geistes ohne Frucht bleibt. Die Terz atmet also etwas von der Frische des Vormittags und zugleich von der belebenden Kraft des Heiligen Geistes. Man ist gerade so richtig bei der Arbeit. Da hält man inne, um sich bewusst zu werden, dass alles, was wir tun, den Geist Gottes braucht, damit es gelingt. Der Hymnus der Terz bittet um das Kommen des Heiligen Geistes: „Du Geist, der unser Beistand ist, eins mit dem Vater und dem Sohn: Komm jetzt herab in deiner Huld, ergieße dich in unsre Brust." Der Heilige Geist möge das Feuer der Liebe in uns neu entflammen, damit die Liebe unsere Arbeit prägt. Wenn wir aus der Quelle des Heiligen Geistes heraus arbeiten, dann werden wir nicht erschöpft. Denn die Quelle der göttlichen Liebe ist unerschöpflich.

Sext – die Mittagsunterbrechung

Die Sext (12.00 Uhr) ist die Stunde, in der – laut Johannes – Pilatus das Todesurteil über Jesus sprach. Nach Matthäus und Lukas brach um die sechste Stunde eine Finsternis über das ganze Land herein (vgl. Mt 27,45 und Lk 23,44). Von der ursprünglichen Symbolik her verweist die sechste Stunde auf die Hitze des Tages und die Anfechtungen, die wir durch die Müdigkeit und die Hitze erfahren. Die Alten sprechen vom Mittagsdämon, der gerade um die Mittagszeit auf uns lauert. Wenn wir müde geworden sind, werden wir empfindlich und empfänglich für die Versuchungen dieses Dämons. Für die frühen Mönche ist er der Dämon der Akedia, der Lustlosigkeit und Trägheit. Und Akedia meint die Unfähigkeit, im Augenblick zu sein. Gegen Mittag sind unsere Vorsätze, in jedem Augenblick achtsam zu sein, verpufft. Da hat die Hektik nach uns gegriffen. Hektik meint ja die Fieberhitze. So wird die Hitze des Tages zum Symbol für die Hektik, in die wir uns hineinsteigern. Es gibt hitzige Auseinandersetzungen mit den Mitarbeitern und Mitbrüdern. Wir haben die Emotionen in uns hochkochen lassen. Jetzt brauchen wir die Kühlung des Gebets, indem wir uns in der heißen Sonnenglut unter den Schatten des Kreuzes stellen. Ich bin immer wieder froh, dass ich in der Mittagshore erst einmal Abstand gewinne von all dem, was in der Arbeit auf mich eingeströmt ist. Sie ist eine heilsame Unterbrechung, die das Kochen der Emotionen beendet und den kühlen Hauch des göttlichen Geistes in die Seele wehen lässt.

Der Hymnus der Sext bringt anschaulich zum Ausdruck, worum es in dieser kurzen Gebetszeit in der Mitte des Tages geht: „Die Glut des Mittags treibt uns um, die Stunden eilen wie im Flug; du, Gott, vor dem die Zeiten stehn, lass uns ein wenig bei dir ruhn. Wir atmen fiebrig und gehetzt, der Streit flammt auf, das rasche Wort; in deiner Nähe, starker Gott, ist Kühlung, Frieden und Geduld." Mitten in der Tageshitze brauchen wir die Kühlung des Gebetes, damit unser Herz in der Hetze des Tages wieder zur Ruhe findet und wir mit unserem innersten Selbst in Einklang kommen.

Non – die Stunde der Verheißung

Die Non (15.00 Uhr) ist die Stunde, in der Jesus nach einhelliger Auskunft aller vier Evangelisten für uns am Kreuz stirbt. Die ägyptische Kirchenordnung lädt die Christen ein, um die neunte Stunde zu beten: „Denn in jener Stunde wurde Christus an der Seite von der Lanze durchbohrt, Blut und Wasser flossen heraus, und dann war es den übrigen Tag licht bis zum Abend" (Löhr 514). Die neunte Stunde steht zwischen Tag und Abend. Das Werk ist schon fast vollbracht. Die neunte Stunde hat eine eigene Qualität. Schon das Licht des Nachmittags ist ein besonderes Licht. Die Alten singen davon, dass Christus durch seinen Tod den Untergang in Aufgang verwandelt hat. Zur neunten Stunde stiegen Petrus und Johannes zum Tempel hinauf und heilten den Gelähmten an der Schönen Pforte. Er begann sofort zu springen (Apg

3,1–10). So liegt in dieser Stunde die Verheißung, dass sich die Probleme, die während der Arbeit aufgetaucht sind, lösen, dass sich Konflikte lösen, dass sich unsere Verkrampfung löst und wir dankbar auf die Ernte unserer Arbeit schauen dürfen.

Der Hymnus der Non denkt schon an den Tag, der zur Neige geht. Es ist nicht nur dieser Tag, sondern der letzte Tag unseres Lebens: „Bis unser Tag zur Neige geht, erhalte gnädig uns dein Licht; dann öffne uns ein heil'ger Tod das Tor zur sel'gen Ewigkeit." Und die Psalmen der Non wissen darum, dass all unser Mühen umsonst ist, wenn es nicht getragen ist vom Segen Gottes: „Baut nicht der Herr das Haus, mühn sich umsonst, die daran bauen. Hütet der Herr nicht die Stadt, wacht umsonst, der sie behütet" (Ps 127,1f).

Vesper – der Abendhymnus

Die Abendhore hat ihren Namen Vesper vom Abendstern, dem Hesperos. Es ist der Stern der Liebenden. Und er verkündet den Müden Ruhe und Frieden. Mit der Laudes gehört die Vesper zu den ältesten Gebetszeiten. Bei allen Völkern ist es üblich, Gott morgens und abends zu loben. Wenn die Sonne untergeht, gedenkt die Kirche des Todes Jesu, der in unsere Dunkelheit hineingestiegen ist, um sie zu verwandeln. So bitten wir am Abend, dass Christus in unserem Herzen als Sonne weiterleuchte, wenn nun die irdische Sonne untergeht. Aber in erster Linie ist die Vesper nicht Bitte, sondern Lob. Am Ende des Tages schauen wir nicht mehr auf unsere Arbeit, sondern auf Gott, die eigentliche Mitte unseres Lebens. Und wir schauen auf Christus, das wahre Licht, das unsere Herzen erleuchtet und der in seiner Auferstehung jede Nacht vertrieben hat.

Die Vesper war früher mit dem Ritus des abendlichen Lichtanzündens verbunden. Ein Abendhymnus nennt dieses Licht das „heitere Licht“. Es ist ein Bild für Christus, das wahre Licht, das in diese Welt gekommen ist, um uns zu erleuchten: „Heiteres Licht vom herrlichen Glanze deines unsterblichen, heiligen, sel'gen himmlischen Vaters: Jesus Christus. Dich verherrlichen alle Geschöpfe. Siehe, wir kommen beim Sinken der Sonne, grüßen das freundliche Licht des Abends, singen in Hymnen Gott, dem Vater, singen dem Sohn und dem Heiligen Geist.“

Komplet – das Nachtgebet

Neben dem Abendlob der Vesper kennt Benedikt ein weiteres Nachtgebet, die Komplet. Diese beschließt den Tag. Der Begriff kommt von „completum est“ (es ist vollbracht). In der Komplet beten die Mönche um Gottes Schutz in der Nacht. Gott möge seine heiligen Engel senden, um sie zu behüten. Seit jeher sind die Engel auch die Traumboten. So ist das Abendgebet zugleich die Bitte um gute Träume, in denen der Engel eine Botschaft von Gott übermittelt, und um Bewahrung vor Albträumen. Und es ist eine Bitte, sich in Gottes liebenden Armen zu bergen, um dort vor allen Gefahren der Dunkelheit geschützt zu sein. Das Dunkle machte den Menschen der Antike Angst. Es war letztlich die Angst vor den Abgründen der eigenen Seele. In diese Abgründe möge Gottes Licht hineinleuchten.

Der typische Kompletpsalm ist Psalm 4. Da schauen wir auf Gott, der uns weit größere Freude ins Herz legt, „als jene sie haben bei Korn und Wein in Fülle. In Frieden leg ich mich nieder und schlafe; denn du allein, Herr, lässt mich sorglos wohnen“ (Ps 4,8f). Und der andere Kompletpsalm, Psalm 91, singt vom Schutz des Höchsten, in den wir uns während der Nacht bergen. Wir wissen uns von Gottes Engeln behütet. Sie tragen uns auf ihren Händen, damit uns kein Unheil geschehe. Und wir schauen auf Gott, der uns am Ende unseres Tagewerkes verheißt: „Ich will ihn sättigen mit langem Leben und lasse mein Heil ihn schauen“ (Ps 91,16).

Auch wenn die Tageszeit der Mönche genau gegliedert ist, so ist es doch keine Zeit nach dem harten Diktat der Uhr. Vielmehr hat jede Zeit ihre eigene Qualität. Für die frühen Mönche waren die Zeiten nicht ganz genau vorgegeben. So wurde die Non meistens erst nach Vollendung der 9. Stunde, also erst um 16.00 Uhr eingeläutet. Entscheidend für das Zeitverständnis der Mönche ist jedoch, dass jede Stunde ihren eigenen Geschmack hat. Es ist nicht eine emotionale Färbung, die die einzelnen Stunden haben. Vielmehr hat jede Stunde teil an der heiligen Zeit, an der Zeit, die von Gott und seinem Handeln an den Menschen geprägt ist. Für die frühen Mönche bekommt jede Stunde ihre Qualität von dem, was in der Fülle der Zeit geschehen ist, nämlich in der messianischen Zeit, der Zeit Jesu. Jede Stunde wird zum Bild für das Geheimnis Jesu, für das Geheimnis seines Todes und seiner Auferstehung. In der Zeit der Mönche wird offenbar, dass ihre Welt teilhat an dem, was C. G. Jung die eine Welt (Unus Mundus) genannt hat. Er versteht darunter das Eine Sein, das sich in der Vielfältigkeit der empirischen Welt ausdrückt. Alles, was wir hier wahrnehmen, hat einen bewusstseinstranszendenten Hintergrund. Die Zeit, die wir hier erleben, hat teil an der Zeit Gottes, in der es kein Vorher und Nachher gibt, sondern immer nur Gegenwart. Die verschiedenen Zeiten des Tages und des Jahres symbolisieren nur verschiedene Aspekte der Einen Welt, des Einen Gottes, der in der Zeit wirkt. Für

Jung ist die Erfahrung des Ewigen in der Zeit ein wichtiger Weg, das eigene Selbst zu entdecken. Und umgekehrt gilt, dass „das Erlebnis des Selbst dem Menschen ein Fenster nach der Ewigkeit hin" öffnet, „indem es ihm ermöglicht, sich dem erstickenden Zugriff eines einseitigen Weltbildes zu entziehen" (Franz 230). Die Horen, in denen sich die Mönche in der Zeit dem Ewigen stellen, befreien sie von der Herrschaft der messbaren Zeit, von der Tyrannei des Chronos, und entführen sie immer wieder in die heilige Zeit, in der sie eintauchen in die Welt Gottes. Dort kommen sie in Berührung mit ihrem wahren Selbst, in dem Gott wohnt.

3.
Vom Rhythmus der Mönche und von der Qualität der Stunden

Ich möchte im Folgenden zunächst einmal von dem normalen Tagesablauf der Mönche erzählen, wie wir ihn in unserer Abtei in Münsterschwarzach kennen. So ähnlich wird er in den meisten Klöstern gelebt. Doch jedes Kloster versucht, im Tagesablauf die Erfordernisse der Arbeit mit dem spirituellen Interesse auf seine eigene Weise in Einklang zu bringen.

In Münsterschwarzach stehen wir um 4.40 Uhr auf. Um 5.05 Uhr beginnen wir die Morgenhore in der Abteikirche. Sie beinhaltet Vigil und Laudes. Von 5.45 Uhr bis 6.10 Uhr haben wir Zeit zur persönlichen Meditation. Ich selbst setze mich auf meinen Gebetsschemel vor eine Christusikone und meditiere mit dem Jesusgebet. Um 6.15 Uhr feiern wir das Konventamt, die Eucharistie, mit der ganzen Gemeinschaft. Um 7.00 Uhr beginnt das Frühstück, das wir schweigend einnehmen. Ich brauche für das Frühstück nur 10 Minuten. Dann freue ich mich auf die Zeit, in der ich lesen kann. Von 7.10 Uhr bis 8.00 Uhr lese ich spirituelle oder psychologische Bücher. Von 8.00 Uhr bis etwa 11.50 Uhr arbeite ich in der Verwaltung. Um 12.00 Uhr ist Mittagshore in der Abteikirche. Danach, etwa um 12.20 Uhr, essen wir gemeinsam zu Mittag. Dabei schweigen wir und hören der Tischlesung zu. Von 12.45 Uhr bis 13.20 Uhr ist Mittagsruhe. Während dieser Zeit lege ich mich hin, um zu schlafen. Um 13.30 Uhr beginnt wieder die Arbeit, die bis 17.00 Uhr dauert. Von 18.00 Uhr bis etwa 18.35 Uhr singen wir die Abendhore. Danach ist noch stille Zeit, in der wir im Kreuzgang wandeln. Um 18.40 Uhr findet das Abendessen statt, wieder schweigend mit Tischlesung. Dann ist von etwa 19.05 Uhr bis 19.35 Uhr Rekreation, also eine Zeit, die ausdrücklich der Erholung und Erfrischung gewidmet ist. Bei gutem Wetter gehen wir spazieren, sonst setzen wir uns in den verschiedenen Rekreationsräumen zusammen. Um 19.35 Uhr schließen wir den offiziellen Tag mit der Komplet ab. Danach gehe ich auf mein Zimmer, falls ich nicht zu einem Vortrag auswärts bin, und lese oder schreibe noch bis etwa 22.00 Uhr. Anschließend gehe ich ins Bett.

Wenn mich Gäste nach unserem Tagesablauf fragen und ich ihnen erzähle, wie dieser Tag strukturiert und gefüllt ist, so meinen nicht wenige, das sei doch anstrengend. Und alles sei zu sehr geregelt. Doch ich erlebe den Tag nicht als anstrengend, denn er ist abwechslungsreich. Und trotz der vielen Arbeit finde ich jeden Tag Zeit für Stille und Gebet, Zeit um allein zu sein, zum Lesen und Schreiben. Da ich am Dienstag im Recollectiohaus die Abendmesse halte und der Konvent am Donnerstag um 17.30 Uhr die Abendhore zusammen mit der Eucharistie feiert, kann ich an diesen beiden Tagen jeweils von 6.00 Uhr bis 8.00 Uhr schreiben. Auch hier meinen manche, dass man doch in so kurzer Zeit nicht schreiben könne. Doch für mich genügt diese Zeit. Schreiben erfahre ich nicht als Arbeit, sondern als Erholung. Schreiben hält mich lebendig. Und ich freue mich auf diese Zeiten. Natürlich fließt es nicht immer gleich gut. Aber wenn ich trotzdem dran bleibe, tastet sich mein Schreiben doch irgendwann an neue Einsichten heran. Ich habe keinen genauen Plan. Die Gedanken entstehen im Schreiben. Und im Schreiben greife ich immer wieder nach Büchern, die mir gerade einfallen oder auf die ich beim Entwickeln der Gedanken stoße.

Um verständlich zu machen, wie ich die Zeit eines ganz normalen Tages erlebe, möchte ich zunächst etwas Grundsätzliches zum Thema Rhythmus sagen und dann beschreiben, wie die Gebetszeiten auch den anderen Zeiten ihre Qualität einprägen und so zu einem Zeitempfinden führen, das in der Hektik des Alltags vielen fremd ist.

Rhythmisierte Zeit

Ärzte und Psychologen sind sich heute darüber einig, dass der Rhythmus eine wesentliche Komponente menschlichen Seins ausmacht. Der Mensch hat einen inneren Zeitrhythmus. Der Körper lässt sich nicht einfach manipulieren. Wir spüren das am besten, wenn wir mit dem Flugzeug in eine andere Zeitzone fahren. Dabei kommen wir oft mit unserem inneren Zeitempfinden durcheinander. Wir müssen uns erst an die neue Zeit gewöhnen. Manche, die diese Gewöhnungsphase überspringen, reagieren mit Krankheit. Der Zeitforscher Karlheinz A. Geißler, der sich mit diesem Phänomen beschäftigt hat, schreibt, indem er ihn vom mechanischen Takt unterscheidet, der die Maschinen bestimmt, über den Rhythmus: „Er dynamisiert und gliedert die Zeit, zerteilt sie aber nicht – wie der Takt dies tut" (Geißler, Zeit 81). Geißler meint, unser Zeitnotstand hänge mit der Entrhythmisierung unserer Zeit zusammen. Wenn wir unseren natürlichen Rhythmus außer Acht lassen, führt das zur Maßlosigkeit, zur Hybris, wie die Griechen sagen. Die Hybris aber schadet dem Menschen. Sie richtet ihn zugrunde. Erst der Rhythmus lässt uns die Zeit als Zeit erleben. Er gibt der Zeit ihren Inhalt. Es ist nicht bloße Zeit, die verrinnt. Geißler meint, der Rhythmus schaffe die Zeit, die Uhr messe sie nur. Im Mittelalter erlebten die Menschen die Zeit als durch Feste, Feiern und Rituale rhythmi-

sierte Zeit. Die Zeit war durch den Rhythmus der Feste und Rituale in allgemein akzeptierte Sinnabschnitte eingeteilt. Die Zeit hatte eine Qualität. Es ging nicht darum, sie auszunutzen, sondern sich auf ihren Rhythmus einzuschwingen, um auf diese Weise die Sinnhaftigkeit des Lebens zu erfahren. Es war ein kulturelles Zeitsystem, das die Menschen miteinander verband. Zeit war immer als soziale Zeit erfahrbar (vgl. Geißler, Vom Tempo 46).

Rhythmus kommt von „rythmizo", was soviel heißt wie: etwas in ein Zeit- und Ebenmaß bringen, es gehörig ordnen. Der Mensch ist vom Mutterleib dem Rhythmus des Herzschlags der Mutter ausgesetzt. Rhythmus ist also vom ersten Augenblick der Zeugung an für den Menschen ein Wesenselement. Manche Kinder erfahren im Mutterschoß schon so viel inneren Wirrwarr, dass sie sich schwer tun, ihren eigenen Rhythmus zu finden. Verunsicherte Menschen suchen „nach unverrückbarem Gleichmaß" (Loos 197). Andere erleben den gleichmäßigen Schlag als „Gefängnisgitter". Sie fühlen „sich bei jedem Trommelton verprügelt" (ebd.). Normalerweise ist das Kind im Mutterschoß in einen Rhythmus mit fließender Bewegung eingebettet. Diesen gesunden Rhythmus, der der Seele des Kindes gut tut, meint Marius Schneider, wenn er definiert: „Rhythmus ist Freiheit im Gesetz der Ordnung" (ebd. 197). Die bekannte Musiktherapeutin Katja Loos meint, die Natur gebe „in der rhythmischen Wiederkehr das Gefühl von Eingebettetsein und Sich-darin-einrichten-Können" (ebd. 199). Der Rhythmus verleiht also dem Menschen das Gefühl von Heimat. Im Rhythmus fühlt sich der Mensch nicht allein. Er ist einem Größeren zugehörig.

C. G. Jung meint, dass „alle emotionalen, also energiegeladenen psychischen Vorgänge eine auffällige Neigung zur Rhythmisierung aufweisen" (Franz 143). Seine Schülerin, Marie-Luise von Franz, glaubt, dass frühere Völker durch rhythmische Tätigkeiten ihre psychische Energie aktiviert haben. Der Rhythmus war für sie also eine Hilfe, ihre psychische Energie für ihre Arbeit zu wecken. Ohne Rhythmus würde sich die psychische Energie unkoordiniert verlieren: „Rhythmisierung der psychischen Energie war wahrscheinlich der erste Schritt zu ihrer kulturellen Gestaltung, und damit zu ihrer Vergeistigung“ (Franz 143). Vielleicht ist das der Grund, warum der benediktinische Rhythmus des Tages in uns Energie weckt, die uns hilft, die Zeit gut zu nutzen. Wenn ich einleitend schon davon erzählt habe, dass die Gäste, die sich auf unseren Rhythmus einlassen, etwas von dieser Verwandlung und Konzentrierung ihrer psychischen Energie spüren und oft erleben, wie eine Woche Einzelexerzitien in ihnen manchmal mehr bewirkt als eine lange Therapie, dann ist das eine Erfahrung, die in diesem Sinne verstanden werden kann. Wenn ich davon erzähle, füge ich aber immer hinzu: Dies liegt nicht an unserer Fähigkeit, gut zu führen, sondern offensichtlich am Rhythmus, auf den sich diese Gäste einschwingen. Dieser ist aber kein Appell an den Willen, die Zeit möglichst intensiv zu nutzen. Vielmehr bringt uns die Erfahrung des Rhythmus mit der Energie in Berührung, die in unserem Unbewussten bereitliegt. Gerade indem der Rhythmus die Zeit teilt, lässt er sie uns bewusster erleben und effektiver nutzen, ohne dass wir uns dazu besonders anstrengen müssten.

Der Mensch trägt in sich einen Biorhythmus. Der Kurarzt Gerhard Vescovi hat in einem Vortrag einmal herausgearbeitet, dass der benediktinische Tagesablauf eben diesem menschlichen Biorhythmus entspricht. Jeder Mensch trägt in sich einen eigenen, individuellen Biorhythmus. Er hat Stunden, in denen er hellwach ist, und Stunden, in denen seine Spannkraft nachlässt. Es hat wenig Sinn, gegen seinen inneren

Rhythmus zu leben. Viele versuchen, ihrem Leben einen anderen Rhythmus aufzuzwängen, als es ihrer Natur entspricht. Sie halten sich mit Kaffee und Zigaretten wach und schaden damit nur ihrer Gesundheit. Die Medizin hat inzwischen mehr als 150 biologische Rhythmen beim Menschen festgestellt. Sie sind an den Wechsel von Tag und Nacht gekoppelt, wie etwa die Körpertemperatur, der Blutdruck, die Harnausscheidung. Wer seinem inneren Rhythmus nicht folgt, tut sich nichts Gutes. Doch nicht nur der einzelne Mensch hat seinen Biorhythmus. Der englische Physiker G. J. Whitrow geht davon aus, „dass das Universum einen einzigen fundamentalen Rhythmus besitzen könnte, auf den eventuell unser ganzer physikalischer Zeitbegriff zurückgeführt werden müsste“ (Franz 219). Whitrow meint, wir würden nicht in erster Linie Zeit erleben, sondern Rhythmen, aufgrund derer wir ein Zeitgefühl bekämen. „Demnach wäre die Zeit auf Rhythmen gegründet und nicht umgekehrt“ (Franz 220). Für mich bedeutet das, dass es in eine Sackgasse führt, die Zeit lediglich auszunutzen. Richtig wäre es, den inneren Rhythmus des eigenen Körpers und des gesamten Kosmos zu erspüren und sich darauf einzuschwingen. Dann leben wir gesund, in Harmonie mit uns selbst und unserem wahren Wesen entsprechend. Wenn ich mich dem Rhythmus der Zeit überlasse, dann erlebe ich die Zeit nicht als Tyrannen, dem ich als Sklave dienen muss, sondern als ein Geschenk, das mir dient, das mir ermöglicht, das Geheimnis des Lebens zu erspüren und auch Zeit als Raum zu erfahren, in dem ich daheim bin.

Johannes Chrysostomus, ein Kirchenvater des 4. Jahrhunderts, spricht davon, dass der Psalmengesang die Seele des Mönches rhythmisiere. Er meint damit, dass der Rhythmus des Singens eine heilende Wirkung auf die Seele ausübe. Die Seele ist gesund, wenn sie nicht chaotisch ist, sondern ihrem inneren Rhythmus entspricht. Der innere Rhythmus ist sicher bei jedem der etwa hundert Mönche, die bei uns in der Abtei leben, anders. Und doch lässt sich jeder auf den gemeinsamen Rhythmus ein. Darin sehen die frühen Kirchenväter das Wunder des Psalmengesangs, dass nämlich die vielen zu einem Ton werden, aber nicht nur zu einem Ton, sondern auch zu einem Herzen. Der gemeinsame Rhythmus erzeugt ein starkes Gefühl von Zusammengehörigkeit und Geborgenheit. Oft gelingt dieser gemeinsame Rhythmus nicht. Dann werden die gruppendynamischen Spannungen in der Gemeinschaft allerdings auch im Singen hörbar. Man spürt, wie die Brüder aneinander leiden, wie sie sich schwer tun, sich aufeinander einzustimmen.

Der Rhythmus ist nicht nur heilsam für den Einzelnen. Er hat auch eine soziale Funktion. Der Rhythmus des Tages führt die Gemeinschaft zusammen, zum Gebet und zur Arbeit, zur Mahlzeit und zur Freizeit. Heute leiden viele Familien, weil jedes Familienmitglied einen anderen Rhythmus hat. Es finden keine „Mahl-Zeiten" mehr statt. Man sättigt sich nur noch. Aber man hat keine Zeit mehr, sich zum Mahl zusammenzufinden. Damit aber geht eine Kultur des Mahles verloren, wie sie die Menschen seit ältester Zeit entwickelt haben. Der Rhythmus schafft während des Tages immer wieder Freiräume. Karlheinz A. Geißler meint, der Rhythmus entlaste uns von der Zeit und befreie uns von ihrer Tyrannei. „Zeitwohlstand ist dort zu finden, wo es einen Reichtum an gelebten Rhythmen gibt" (Geißler, Zeit 93).

Der hl. Benedikt hat den Rhythmus des Klosters nicht neu erfunden. Es gab schon vor ihm Mönche, die einen klar strukturierten Tag lebten. Doch für Benedikt ist es ganz wichtig, eine Ordnung des Tages zu schaffen, die dem inneren Rhythmus des Menschen entspricht. Immer wieder heißt es in der Regel: „Sic omnia temperet": So ordne er alles. „Temperare" hat im Lateinischen viele Bedeutungen. Es kommt von „tempus", der Zeit. „Temperare" kann bedeuten: einer Sache Ziel und Maß setzen, das rechte Maß beobachten, sich mäßigen, in das gehörige Verhältnis bringen, mischen, lenken, regieren. Benedikt hat ein großes Interesse daran, den Tag der Mönche so zu regeln, dass er dem inneren Rhythmus der Seele entspricht. Er verspricht sich von einer guten und gesunden Tagesordnung, dass die Seele des Mönches in Ordnung kommt und gesund wird. Man spürt der Regel an, dass Benedikt immer das rechte Maß und den inneren Rhythmus seiner Mönche vor Augen hat, wenn er die Zeit so genau ordnet. Die Ordnung der Zeit ist für ihn die Voraussetzung dafür, dass die Mönche in der Schule des Herrn ein weites Herz bekommen und mit Freude ihren Dienst tun, ihren Dienst für Gott und für die Menschen.

Auch für uns ist es heute eine entscheidende Aufgabe, wie wir unseren Tag ordnen. Es gibt in unserem Konvent immer wieder auch Diskussionen über die Tagesordnung. Für manche ist das Aufstehen zu früh. Manche möchten mehr Zeit haben für die Lesung. Aber sobald man an einem Punkt anfängt, etwas zu ändern, kommt leicht das ganze Gefüge durcheinander. Daher braucht es große Behutsamkeit und Weisheit, den Tag so zu ordnen, dass er dem Leben der Gemeinschaft und dem Rhythmus des Einzelnen entspricht. Und wir fühlen uns dem Erbe des hl. Benedikt verpflichtet. Ordensgemeinschaften, die in den sechziger Jahren des letzten Jahrhunderts meinten, die monastische Tagesordnung als antiquiertes Lebensmodell zu sehen und sie abschaffen zu müssen, sind davon nicht lebendiger geworden. Im Gegenteil: Sie sind oft verbürgerlicht und haben ihre Identität verloren. Von ihnen geht keine Fruchtbarkeit mehr aus.

Der gemeinsame Rhythmus des Klosters darf nicht zum Zwang werden. Jeder einzelne Mönch behält seinen persönlichen Rhythmus. Dieser zeigt sich schon darin, wie schnell oder wie langsam er arbeitet oder isst. Jeder darf und soll diese Individualität bewahren, denn er muss auf seine eigene Seele achten. So verlangt es der hl. Benedikt vom Cellerar. Jeder muss spüren, welcher Rhythmus für ihn stimmt, etwa wenn er durch den Kreuzgang geht, wenn er arbeitet, wenn er liest. Im gemeinsamen Rhythmus braucht es auch den Eigenrhythmus. Sonst ginge der Einzelne in der Gemeinschaft unter. Es ist der eigene Rhythmus, der mich lebendig hält. Er ermöglicht mir, dass das Leben in mir strömt und Früchte trägt.

Ein wesentlicher Aspekt des gesunden Rhythmus' liegt darin, dass die Zeit einen Anfang und ein Ende kennt. Wenn wir in unserer Abtei die Senioratssitzungen um 16.30 Uhr ansetzen, ist es klar, dass sie um 17.50 Uhr enden, weil um 18.00 Uhr Zeit für die Abendhore ist. Und wir kämen nie auf die Idee, die Sitzung zu verlängern. Eine klar begrenzte Zeit fördert die Disziplin beim Diskutieren. Ich persönlich tue mich immer schwer mit Sitzungen, die kein Ende finden. Ich spüre dann, wie ich aggressiv werde. Alles hat seine Zeit. Auch eine Sitzung hat ihre Zeit. Wenn diese angemessene Zeit überschritten wird, regen sich zu Recht die Aggressionen. Sie zeigen, dass da eine wesentliche Seite meiner Seele nicht ernst genommen wird. Mir erzählte ein Direktor einer großen Bank, dass die Sitzungen im Vorstand oft 10 Stunden dauern. Als ich das hörte, war mir klar, dass dabei nichts herauskommen könne, was den Menschen Segen bringt. In solchen Marathonsitzungen müssen die Aggressionen wachsen. Aber es entsteht nicht das Klima, das nötig ist, um Probleme wirklich lösen zu wollen. Ohne Anfang und Ende, so meint der Philosoph Plessner, „verödet die Zeit zur schlechten Unendlichkeit".

Und der Dichter Dante charakterisiert eine Zeit, die Beginnen und Beenden kennt, als „voll Maß und keusch“. So erlebe ich auch meine begrenzte Zeit zum Schreiben. Ich kann nicht länger als zwei Stunden konzentriert schreiben. Aber in dieser Zeit „voll Maß und keusch“ entsteht das, was ich zu sagen habe. Alles andere wäre für mich zu sehr gemacht, gewollt, inszeniert.

Geprägt von den Psalmen – Die Qualität der Tagesstunden

„Morgenstund hat Gold im Mund“, sagt der Volksmund. Für mich bedeutet das nicht in erster Linie, dass ich morgens effektiver arbeiten kann, um mehr Geld zu verdienen. Gold ist von jeher Bild des Göttlichen. Die Morgenstunde mit ihrer Frische atmet etwas von der Neuheit Gottes. Wenn die Hausglocke um 4.40 Uhr schellt, mache ich sofort das Licht an. Ich mache mir bewusst, welcher Tag heute ist. Damit meine ich nicht nur den Wochentag, sondern auch, welches Fest wir heute feiern oder welches Heiligen wir heute gedenken. Meine Lieblingsheiligen geben dem Tag schon am Morgen einen anderen Geschmack. Wenn wir das Fest des hl. Augustinus feiern, dann komme ich in Berührung mit der Sehnsucht, die ihn prägte. Die hl. Teresa bringt dem Tag etwas Leichtes und Zärtliches. So bekommt jeder Tag eine andere Färbung, je nachdem, was gefeiert wird. Neben den Heiligen sind die werktäglichen Feste für mich wichtig wie Verklärung am 6. August oder Mariä Heimsuchung am 2. Juli.

Ich stelle jeden Tag unter Gottes Segen. Wenn ich aufstehe, breite ich kurz die Arme aus. Das ist für mich ein Bild dafür, dass ich heute den Himmel öffnen möchte über den Menschen, ganz gleich, was ich tue, in der Arbeit, im Gebet

und in dem, was ich sage oder schreibe. Mit dieser Gebärde bekommt der Tag eine andere Qualität. Er steht nicht vor mir mit seinen Terminen, sondern mit der Vorstellung, dass ich meine persönliche Lebensspur in diesen Tag eingraben möchte. Jeder Tag wird dann zum Geheimnis, zur Chance, etwas von dem auszustrahlen, was mich im Innersten ausmacht, und in meinen Stärken und Schwächen durchlässig zu werden für den Geist Jesu Christi. Nach dem Waschen und Anziehen schreibe ich manchmal noch meine Träume auf, wenn ich mich an sie erinnern kann. Dann gehe ich in den Frühchor. Der Weg führt durch den dunklen Kreuzgang. Dieser Weg durch den Kreuzgang in die Kirche hat für mich immer eine ganz eigene Qualität. Ich gehe ihn bewusst in Solidarität mit den Menschen, in denen es dunkel ist, um für sie und gemeinsam mit ihnen zu beten. Und ich werde mir dessen bewusst, dass das mein Dienst ist: nicht nur für mich da zu sein, sondern in Solidarität mit allen Menschen vor Gott zu treten. Es ist nicht nur mein persönlicher Tag, sondern ein Tag, der mich mit allen Menschen verbindet. Mit ihnen stehe ich in Verbindung. Es ist eine soziale Zeit. Sie gehört nicht mir allein, sondern allen Menschen.

Die Vigil ist die alte Nachtwache. Zur Zeit des hl. Benedikt hat man sie mitten in der Nacht gebetet, also etwa um 2.30 Uhr. Die frühen Christen erwarteten in der Nacht das Kommen Jesu Christi. So wachten sie nachts, um bereit zu sein, wenn Jesus kommt. Wir halten die Vigil um 5.05 Uhr. Das ist nicht mitten in der Nacht, aber es ist noch dunkel. Die Dunkelheit gibt uns das Gefühl, dass wir stellvertretend für die Menschen wachen: nicht nur für die, die noch im Bett liegen, sondern auch für die, die innerlich eingeschlafen sind, die einfach nur so dahinleben, die sich in Illusionen über ihr Leben eingelullt haben. Die Vigilpsalmen meditieren das eigene Leben im Lichte Gottes. Die frühe Kirche hat das Psalmenbeten immer so verstanden, dass wir die Worte der Schrift gemeinsam mit Christus beten. Als frommer Jude hat Jesus sicher Psalmen gebetet. Wenn wir heute die Psalmen beten, versuchen wir, mit Jesu Augen diese Welt und unser Leben anzuschauen. So ist die Vigil eine Einladung, alles, was in der Welt und in unserem eigenen Leben geschieht, gemeinsam mit Christus zu bedenken und unsere Sehnsucht nach Gott gemeinsam mit ihm zum Ausdruck zu bringen.

Wir rezitieren die Psalmen auf einem Ton. Es ist ein monotones Beten. Aber es lädt dazu ein, das eigene Leben und das Leben der Menschen, die mir am Herzen liegen, vor Gott zu bedenken und es in Gottes Barmherzigkeit hineinzuhalten, damit es heil werde und hell. Manchmal spüre ich meine Müdigkeit während des Psalmenbetens. Aber sie stört mich nicht. Auch sie ist Realität. Sie darf sein. Auch sie halte ich Gott hin und in ihr die müde gewordenen Menschen, die ihren Tag heute ohne Schwung beginnen werden, ohne Sinn und ohne Hoffnung. Die Morgenhore erlebe ich immer als nüchtern, aber auch als Einladung, mich so, wie ich bin, Gott hinzuhalten.

Manchmal frage ich mich selbst, wie ich die Zeit erlebe, wenn ich vierzig Minuten lang immer wieder Psalmverse vor mich hermurmele. Die Kulturanthropologin Ina Rösing, die auf ihren Forschungsreisen immer wieder die Erfahrung fremder Zeiten macht, etwa der Zeit der Quechua-Indianer, meint, unser heutiges Zeitkonzept sei gekennzeichnet durch „die enorme Inhaltsleere und Farblosigkeit, die Kälte und Monotonie (…), die Abspaltung unserer Zeit von Raum und Rhythmus, Handlung und Ritual" (Rösing 94). Beim Rezitieren der Psalmen bekommt die Zeit für mich eine andere Qualität. Sie nimmt Farbe an, Klang und Rhythmus. Ich bete die Psalmen gemeinsam mit Christus, der vor zweitausend Jahren mit den gleichen Worten das Geheimnis des Lebens und der Welt bedacht hat. In einem solchen Beten ist also die Zeit aufgehoben. Ich bin heute in der Zeit. Aber ich habe teil an der Erfahrung Jesu und an der Erfahrung aller Menschen, die seit über 3000 Jahren die Psalmen gebetet haben. Ich bete die Psalmen aber auch gemeinsam mit den Menschen, die gestorben sind und nun bei Gott sind. Ich denke bei manchen Worten an bestimmte Heilige, die mit diesen Worten ihre Sehnsucht nach Gott ausgedrückt haben und diese Worte nun in Gottes Herrlichkeit auf neue Weise verstehen. So werden in den Worten Vergangenheit und Zukunft eins. Die Gegenwart ist gefüllte Zeit. Sie ist nicht nur der Augenblick, sondern auch der Ort, an dem Vergangenheit und Zukunft zusammenfallen. Ich lebe im Augenblick aus dem Ursprung. Und zugleich wird schon die Zukunft erfahrbar.

Beim Psalmodieren wird mir noch ein weiterer Aspekt bewusst. Indem wir Psalmen rezitieren, schaffen wir Zeit. Wir schlagen die Zeit nicht tot. Die Zeit wird strukturiert, rhythmisiert. Sie wird hörbar. Das Psalmodieren braucht Zeit. Wer alles nur unter dem Aspekt des ökonomischen Nutzens ansieht, für den kann es nur sinnlos sein, so viel Zeit für das immer gleiche Rezitieren zu vergeuden. Es kommt nichts dabei heraus, wenn wir uns morgens diese vierzig Minuten Zeit nehmen. Auch ich kann oft nicht sagen, welche Erfahrungen ich nun bei den einzelnen Worten gemacht habe, doch die entscheidende Frage ist auch nicht, ob ich nachher ganz anders bin. Es ist einfach nicht so wichtig, was dabei herauskommt. Entscheidend ist vielmehr dies: Die Zeit wird hörbar. Und in der Zeit erklingt jetzt im Augenblick Gottes ewige Stimme. Denn die Psalmen sind nicht nur menschliche Gedichte, sondern – wie die Tradition weiß – auch Wort des ewigen Gottes an uns. Ich mache also mit meiner Stimme Gottes ewiges Wort in dieser vergänglichen Welt hörbar. Die betenden Mönche bereiten dem Wort Gottes einen Klangleib, damit es heilend auf die Menschen wirken kann.

In unserem Kloster beten wir heute Vigil und Laudes zusammen. Die Laudes ist das Morgenlob der Kirche. In ihr schauen wir auf Christus, den Auferstandenen. Und wir loben – trotz der morgendlichen Müdigkeit – Gott für all seine Wohltaten, vor allem für seinen Sohn Jesus Christus.

Die aufgehende Sonne ist ein Bild für die Auferstehung Jesu. Die frühe Kirche deutete alles, was in der Natur geschah, als Symbol für das Wirken Gottes in unserer Seele. Die Sonne, die die Dunkelheit vertreibt, wird zum Bild für Christus, der Licht in die Dunkelheit unserer Seele bringt.

Ein anderes Bild für den Morgen ist der Hahnenschrei. Ambrosius hat einen Morgenhymnus gedichtet, in dem er den Hahn als Symbol für Christus sieht. Er ist der Herold des Tages. Er markiert die Scheidung des Tages von der Nacht. Sein Ruf ist Orientierung für den nächtlichen Wanderer: Es wird Licht. Auf seinen Ruf hin erwacht der Morgenstern. Das Böse weicht. Petrus wischt sich, nachdem er diesen Ruf gehört hat, die Tränen über seinen Verrat ab. Alles wird in einem solchen Verständnis zum Bild für das eigentliche Geschehen zwischen Gott und dem Menschen: „Wohlan, wir stehn vom Schlafe auf: der Hahn weckt jeden, der noch träumt. Der Hahn bedrängt, die säumig sind, der Hahn klagt die Verleugner an. Hoffnung erwacht beim Hahnenschrei, und Lindrung strömt den Kranken zu. Der Räuber lässt von seinem Tun, Gefallene vertrauen neu“ (Laudeshymnus vom Sonntag).

Nach der Morgenhore gehe ich wieder durch den dunklen Kreuzgang in mein Zimmer. Ich setze mich auf den Schemel vor die Christusikone und zünde ein paar Kerzen an, die mir Freunde geschenkt haben. Es entsteht eine warme Helligkeit.

Ich bete das Jesusgebet „Herr Jesus Christus, Sohn Gottes, erbarme dich meiner“ und verbinde es mit meinem Atemrhythmus. Dabei stelle ich mir vor, dass dieser Christus, den ich anschaue, mit seiner Barmherzigkeit in meinem Herzen wohnt. Manchmal erfahre ich dann einen tiefen inneren Frieden. Doch ich kenne auch Meditationszeiten, in denen der Ärger über einen Konflikt in der Verwaltung wieder auftaucht oder mich die Sorgen um die Finanzen des Klosters bedrängen. Dann versuche ich, das Jesusgebet bewusst in diesen Ärger und in diese Sorgen hineinzusprechen, damit sich mein inneres Durcheinander ordnet und das durch negative Emotionen Getrübte in mir gereinigt wird.

Wenn dann die Hausglocke zur Eucharistiefeier läutet, gehe ich in die Sakristei, um mich für die Messe anzuziehen. Ich genieße es, vor der Messe noch einige Augenblicke still in der Sakristei zu stehen und mich innerlich einzustellen auf die Verwandlung meines Alltags, den wir in der Eucharistie feiern. Die Eucharistiefeier ist der Höhepunkt des Morgens. Unter dem Klang der Orgel ziehen wir feierlich in die Kirche. Wir lassen uns Zeit für die Feier. Wir singen entweder Choral oder deutsche Lieder. Ich singe gerne Choral. In den alten Gesängen wird das Wort Gottes so hörbar, dass es das Herz durchdringt und verwandelt. Ein Kirchenmusiker meinte einmal, Choral zu singen sei die Kunst, die Stille hörbar zu machen und die Zeit still stehen zu lassen.

Wichtig ist mir der Augenblick, in dem wir, Konzelebranten, die Hände über die Gaben von Brot und Wein ausstrecken und den Heiligen Geist über diese Gaben erflehen, damit er sie wandle in den Leib und das Blut Jesu. Da stelle ich mir immer den Alltag vor mit all dem, was mich heute erwartet. Und ich bitte, dass der Heilige Geist alles verwandeln möge, was ich in die Hand nehme und was mir in die Hand gelegt wird. In der Kommunion stelle ich mir vor, dass Christus mit seiner Barmherzigkeit meine Härte durchdringt und verwandelt.

Die Kommunion verbindet mich auf neue Weise mit den Mitbrüdern, mit denen ich heute zusammenarbeiten und -leben werde. Es wird dabei nicht ohne Konflikte abgehen. Aber es gibt eine Gemeinsamkeit, die selbst die Konflikte nicht zerstören können.

Nach der Eucharistiefeier ziehen wir gemeinsam aus. Es ist ein langer Weg durch den Kreuzgang zur Kirche. Wir gehen bewusst langsam. Die Zeit der Liturgie ist keine Zeit für Schnelligkeit und Hektik. Nachdem wir die liturgischen Gewänder ausgezogen haben, gehe ich zum Frühstück. Da bekommt die Zeit eine andere Dimension. Ich spüre, wie ich ungeduldig werde, wenn manche Mitbrüder beim Frühstücksbüffet allzu umständlich hantieren. Wir frühstücken schweigend. Ich kann das Frühstück genießen. Doch ich esse es zügig. Denn ich freue mich auf das Lesen, das mich danach erwartet. Ich versuche, ein Buch nach dem anderen zu Ende zu lesen. Auf manche Bücher freue ich mich. Manche lese ich auch nur zu Ende, weil ich es mir vorgenommen habe. Sie haben nicht eingelöst, was der Titel oder das Inhaltsverzeichnis versprachen. Lesen hält mich wach. Es regt mich immer wieder an, auf neue Ideen zu kommen. Im Lesen tauche ich in eine andere Welt ein. Wenn ich Teresa von Avila lese, tauche ich in ihre Zeit und in ihre Erfahrung von Gebet und Kontemplation ein. Wenn ich psychologische Bücher lese, dann spüre ich in mir nach, inwieweit meine Erfahrungen mit den gelesenen Worten übereinstimmen. Früher habe ich immer die neuesten Erscheinungen gelesen. Heute freue ich mich vor allem an alten Texten. Sie führen mich in Erfahrungen ein, die über die heute bekannten theologischen und psychologischen Weisheiten hinausführen. Sie machen mich neugierig darauf, auch in meiner Seele Neues zu entdecken. Und ich frage mich immer, was diese alten Worte uns heute zu sagen haben, ob in ihnen eine Antwort auf unsere heutigen Fragen zu finden sei.

Insgesamt erlebe ich die gut drei Stunden bis zur Arbeit als Freiraum, als einen Luxus, den ich mir täglich gönnen darf. Da stört mich kein Telefon. Da gehen mich die Sorgen und Probleme der Verwaltung nichts an. Da haben die Menschen mit ihren Erwartungen keinen Zutritt. Auch wenn ich viel arbeite, so bringen mich diese drei Stunden am Morgen immer wieder in Ordnung. Sie sind ein Schutzraum, in dem meine Seele genährt und wie mit einem Mantel umgeben wird. Und ich hoffe, dass dieser Schutz der Seele durch die vielen Tätigkeiten und vielen Kontakte mit Menschen, die mich heute erwarten, nicht zerstört wird.

Das Lesen kann ich genießen. Aber ich spüre auch da: fünfundvierzig Minuten kann ich gut und konzentriert lesen. Danach würde die Aufmerksamkeit nachlassen und weggleiten. So gehe ich nach dem Lesen auch gerne zur Arbeit ins Büro. Dann beginnt die praktische Arbeit, eine oft nüchterne Arbeit. Hier herrscht wieder eine andere Zeitqualität. Hier geht es durchaus um zielgerichtete Schnelligkeit. Ich muss in den vier Stunden am Morgen einiges an Post und Gesprächen erledigen. Das will geplant sein. Da sind Konzentration, Beweglichkeit und Effektivität, eine rasche Auffassungsgabe und schnelle Entscheidungen nötig.

Im Büro versuche ich, zunächst die E-Mails abzurufen und gleich zu beantworten. Und ich beantworte die Briefe, die sich in der Zwischenzeit angehäuft haben. Doch oft komme ich nicht dazu. Alles Mögliche stürzt auf mich ein, wartet auf rasche Erledigung oder unmittelbare Zuwendung. Mitbrüder kommen mit ihren Anliegen. Die Werkstätten rufen an. Eine Bausitzung oder eine andere Besprechung finden statt. Die Banken rufen an. Oder Bildungseinrichtungen erbitten einen Vortragstermin. Manchmal erlebe ich diese vielen Anrufe und Anforderungen als Last. Immer wieder muss ich nein sagen. Es ist oft viel, was an so einem Vormittag auf mich zukommt. Da habe ich wenig Zeit, Abstand zu wahren, innezuhalten oder zu meditieren. Doch die drei Stunden Stille vor der Arbeit haben mich mit dem inneren Raum der Stille in Berührung gebracht. Und das wirkt nach. Denn wenn ich mit diesem Raum in Kontakt bin, dann habe ich einen inneren Abstand zu den Problemen, die aktuell auf mich einstürmen. Wenn ich ärgerlich werde oder empfindlich reagiere, dann ist das immer ein Zeichen für mich, dass ich aus meiner Mitte, aus meinem Maß und inneren Rhythmus gefallen bin. Dann weiß ich, dass ich die Mittagspause nötig habe, um wieder mit dem inneren Raum der Stille in Berührung zu kommen.

Kurz vor zwölf verlasse ich das Büro, ziehe im Zimmer wieder meinen Habit an und gehe zur Mittagshore. Die Mittagshore ist für mich eine heilsame Unterbrechung. In den Hymnen der Mittagshore wird die Eigenart der Mittagsstunde thematisiert. In der Hitze des Tages haben sich oft auch die Emotionen hochgekocht. Bei der Arbeit sind Aggressionen aufgetreten. Oft habe ich sie bewusst gar nicht wahrgenommen. Im Hymnus bitten wir nun, dass Gott die Flammen des Streites löschen, dem Leib neue Kraft und dem Herzen Frieden schenken möge. In diesen Psalmen halte ich alles, was war, ins Gebet, damit es verwandelt werde. Die Psalmen künden von unserer Bedrängnis, aber auch von dem Gott, der uns in die Freiheit führt: „Wäre da nicht der Herr gewesen, der uns beistand, als Menschen sich gegen uns erhoben, dann hätten sie uns lebendig verschlungen, als gegen uns ihr Zorn entbrannte“ (Ps 124,2f). Beim Singen der Psalmen kommt das unruhige Herz wieder zur Ruhe. Am Anfang der Mittagshore bin ich noch von den Problemen der Arbeit erfüllt. Doch während des Singens treten die Gedanken an die Arbeit zurück. Gott bricht in das Leben ein und relativiert die Arbeit. Im Beten wird deutlich, was das Ziel der Arbeit ist: nicht alle Probleme zu lösen, sondern letztlich Gott zu verherrlichen. So hat es der hl. Benedikt als Motto für seine Mönche aufgeschrieben. Sie sollen so arbeiten und wirken, „dass in allem Gott verherrlicht werde“ (RB 58).

Nach der Mittagshore ist Mittagessen. Während der Suppe wird ein Abschnitt aus der Heiligen Schrift gelesen und danach ein Buch, das einen spirituellen oder einen aktuellen gesellschaftlichen Inhalt haben kann. Manchmal freue ich mich schon darauf, die Fortsetzung des Buches zu hören. Manchmal interessiert es mich weniger. In einem solchen Fall genieße ich einfach die Zeit des Essens und freue mich, in der Stille Abstand zu gewinnen von der Arbeit des Vormittags. Wenn ich schweige, kann ich bewusster essen und genießen. Und dann freue ich mich auf die 35-minütige Mittagspause. Ich lege mich ins Bett und versuche zu schlafen. Manchmal schlafe ich tief ein, manchmal döse ich nur. Aber nach 35 Minuten schellt der Wecker. Dann mache ich mich frisch und trinke eine Tasse Kaffee. Jetzt bin ich wieder wach für die Arbeit, die mich am Nachmittag erwartet. Den Mittagsschlaf brauche ich. In dieser Zeit wird das, was war, verarbeitet. Wenn ich im Bett liege und die Probleme des Vormittags noch in meinem Kopf herumgehen, dann spreche ich das Jesusgebet und schlafe darüber ein. Wenn ich aufwache, haben die Probleme keine Macht mehr über mich. So erlebe ich den Tag als gut gegliedert und habe neue Lust auf die Arbeit. Am Nachmittag sieht meine Arbeit normalerweise anders aus.

Entweder finden Besprechungen statt oder ich habe im Recollectiohaus Gespräche. Auch sie verlangen Aufmerksamkeit. Ohne Mittagsschlaf wäre mein Kopf nicht frei für die Menschen und ihre Probleme.

Der Nachmittag ist voll von Gesprächen und Sitzungen. Vor der Vesper versuche ich, mir wenigstens noch eine Viertelstunde frei zu halten. Dann lege ich mich aufs Bett, um zu entspannen. Ich spüre die Müdigkeit des Tages. Das ist mir aber nicht unangenehm. Im Gegenteil. Es ist eine angenehme Schwere. Und ich habe das Gefühl, dass ich mich für Gott müde gearbeitet habe. In diesen 10 oder 15 Minuten versuche ich, alles loszulassen, um mich dann auf die Vesper einlassen zu können. Es tut mir nicht gut, wenn ich direkt aus der Arbeit in die Vesper gehe. Ich werde dann unaufmerksam. Und ich habe die Erfahrung gemacht, dass ich dann am Abend nicht mehr wach genug bin, etwas zu schreiben oder zu lesen. So ermöglicht es mir diese kleine Zäsur am späteren Nachmittag, auch das Ende des Tages bewusster zu gestalten und zu leben.

Die Vesper um 18.00 Uhr ist mir die liebste Gebetszeit. Sie ist das Abendlob der Kirche. Schon die Israeliten brachten jeden Morgen und Abend ihr Opfer im Tempel dar. Die Kirche hat diese Tradition übernommen. Sie gedenkt bei diesem abendlichen Lob des Opfers, das Christus am Kreuz dargebracht und mit dem er alle anderen Opfer abgelöst hat. In der Kirche hat sich die Tradition, mit erhobenen Händen zu beten, immer gehalten. Diese Gebetsgebärde erinnert an Christus, der am Kreuz seine Arme ausstreckte, um sich ganz und gar in die liebenden Arme des Vaters fallen zu lassen. Jesus selbst deutet seine ausgestreckten Arme im Johannesevangelium mit den Worten: „Und ich, wenn ich über die Erde erhöht bin, werde alle zu mir ziehen" (Joh 12,32). In der Abendhore bitten wir Gott, dass das Licht, das Christus durch seinen Tod am Kreuz in unsere Dunkelheit gebracht hat, auch in der Dunkelheit der Nacht in unserem Herzen leuchten möge. Die frühe Kirche hat die Vesper als Lichtfeier, als Lucernarium, gefeiert. Wenn die Sonne untergeht und der Abendstern, der Hesperos, auftaucht, möge das Licht Christi in uns bleiben, ein warmes Licht, das in uns alle Schuldgefühle entkräften und uns mit der milden Liebe Christi erfüllen möge.

Wenn ich die Psalmen der Vesper singe, denke ich oft an die Menschen, mit denen ich heute Kontakt hatte, an die, die mir ihre Not erzählt haben, aber auch an die, denen ich in der Arbeit begegnet bin. Wenn ich an die selbstständigen Handwerker denke oder an die Bankdirektoren, die um 18.00 Uhr noch keinen Feierabend haben, dann erlebe ich es als Luxus, mir einfach die Zeit zu nehmen, 35 Minuten einzutauchen in das gemeinsame Gebet. Auch hier wieder die Erfahrung: Ich muss in der Vesper nichts leisten. Ich singe mit und lasse mich tragen vom gemeinsamen Gesang der Brüder. In den Psalmen schwingt nicht nur die Dankbarkeit für Gottes Tun in Jesus Christus mit, sondern für all das, was mir heute gelungen ist, für die Menschen, die mir begegnet sind, und für das Geschenk des Lebens überhaupt.

Wir singen die Psalmen ja in den acht Tönen, die der Choral kennt. Jeder Ton eröffnet einen eigenen Klangraum. Er gibt unserem Singen eine ganz bestimmte Färbung. In jedem Ton klingt für mich ein anderer Aspekt Gottes und meiner Beziehung zu Gott an. Jeder Ton erzeugt in mir andere Emotionen, ein anderes Gestimmtsein. Ich erlebe mich in jedem Ton anders, und Gott begegnet mir darin in je eigener Weise. Wenn wir einen Psalm im ersten Ton singen, dann spüre ich darin einen Raum der Sehnsucht. Der zweite und achte Ton sind mehr objektive Töne. In ihnen meditieren wir das Handeln Gottes an uns. Es sind die typischen Töne für die

Meditation, in der das Wort Gottes immer tiefer ins Herz dringen möchte. Der dritte Ton hat eine eigenartige Prägung. Für mich drückt sich darin das Vertrauen auf Gott aus, der den Armen hilft und die Elenden aus dem Staub erhebt. Der vierte Ton entführt mich in eine feierliche Stimmung. Der Introitus am Osterfest ist im vierten Ton komponiert. Der vierte Ton eröffnet einen Raum der Transzendenz, in der alles Irdische verwandelt wird, das Dunkel durchdrungen wird von Licht und die Erde erbebt, wenn Gott sie berührt. Der fünfte Ton ist ein sehr optimistischer Ton. Wenn ich einen Psalm im fünften Ton singe, dann denke ich immer an die himmlische Liturgie. Der fünfte Ton öffnet das Tor zum Himmel und lässt uns teilhaben am ewigen Lobgesang der Engel und Heiligen. Der sechste Ton ist geprägt von einem abgrundtiefen Vertrauen in Gottes Güte. Er kennt keine Dunkelheit. Er triumphiert wegen der Liebe Gottes, die uns erfüllt. Der siebte Ton ist der jubilierende Ton. Er kennt die größten Sprünge und erhebt das Herz zu Gott. Zu diesen acht Choraltönen kommen noch zwei andere: der „tonus peregrinus", der Pilgerton. J. S. Bach hat diesen Ton in seinem deutschen Magnificat verwendet. Und es gibt den „tonus irregularis", den ich immer sehr gerne singe, weil er mein Herz berührt. Jeder Psalmton hat seinen eigenen Rhythmus und seine eigene Stimmung und bringt mich jeweils in eine andere Schwingung. Ich spüre, dass all diese Schwingungen meiner Seele gut tun und die verschiedensten Stimmungen in mir zum Ausdruck bringen. Das wirkt heilend auf meine Seele.

Wie bereits gesagt, fahre ich zweimal in der Woche zu einem Vortrag in eine Stadt im Umkreis von 300 km, so dass ich anschließend wieder nach Hause fahren kann. Ich versuche, früh genug loszufahren, damit ich rechtzeitig ankomme und während der Fahrt nicht unter Druck gerate. Oft kann ich diese Fahrt genießen. Ich bin unerreichbar für das Telefon. Ich kann meinen Gedanken nachhängen. Und ich versuche bereits während dieser Zeit des Unterwegsseins, mich auf den Vortrag einzustellen. Ich nehme in der Regel kein Manuskript mit. Die meisten Vorträge greifen Themen auf, die ich schon in meinen Büchern behandelt habe. Trotzdem muss ich mich innerlich immer neu einstellen auf die Menschen und auf das, was gerade in meinem Herzen ist. Ich möchte die Vorträge nicht zur Routine verkommen lassen. Während des Vortrags bin ich oft sehr berührt von der großen Sehnsucht der Menschen nach einer Spiritualität, die sie aufrichtet und ermutigt, die ihre Nöte anspricht und ihnen über ihrem grauen Alltag den Himmel öffnet. So fahre ich voller Dankbarkeit zurück. Ich lasse in mir nachklingen, was ich an Fragen und Begegnungen erlebt habe. Die Fragen der Zuhörer und Zuhörerinnen bringen mich oft auf neue Ideen. Sie regen mich an, darüber nachzudenken, was die Menschen im Tiefsten berührt und welche Antworten ich vom Glauben her geben kann. Was hilft den Menschen wirklich? Wie würde ich persönlich damit umgehen, wenn ich mit den Ängsten oder Depressionen zu tun hätte, die in manchen Fragen sichtbar wurden? So spüre ich, dass die Vorträge mit ihren langen Fahrten – oftmals durch dichten Verkehr, durch Staus oder durch Schnee und Regen – nicht nur anstrengend sind, sondern mich auch lebendig halten.

Oft komme ich von den Vorträgen erst um Mitternacht oder noch später heim. Wenn es später wird, stehe ich am nächsten Tag nicht zur Morgenhore auf, sondern erst um 5.45 Uhr, um am Konventamt teilnehmen zu können. Ich komme gut damit zurecht, dass ein oder zwei Tage in der Woche anders enden als sonst. Doch ich spüre auch, dass es mir nicht gut täte, wenn ich zu oft aus meinem Rhythmus herausgerissen würde. Aber auch wenn ich noch so spät heimkomme, so könnte ich doch nicht länger schlafen als bis zum Konventamt. Mir würde etwas fehlen, wenn ich einfach so in den Tag stürzen würde. Der Tag braucht einen klaren Beginn, einen gemeinsamen Anfang mit meinen Mitbrüdern. Mit der Eucharistiefeier kann ich mich dann sofort wieder auf den gemeinsamen Rhythmus des Tages einschwingen.

4. Vom Rhythmus der Woche und von der Heiligung der Tage

Jeder Tag der Woche hat sein eigenes Gepräge. Das hängt einmal von der Arbeitsstruktur ab. Am Montagnachmittag haben wir jeweils Verwaltungssitzung: Abt, Prior, Subprior und die drei Cellerare. Am Dienstag und Mittwoch stehen nachmittags die Gespräche im Recollectiohaus auf dem Programm. Am Mittwochvormittag findet dort die Teamsitzung statt. An einem solchen Tag wird die Arbeit in der Verwaltung immer eng. Vorträge halte ich nur montags und donnerstags, so dass ich an den anderen Abenden immer daheim bin. Und am Wochenende gebe ich entweder hier in der Abtei oder in unseren anderen beiden Bildungshäusern in Würzburg und Damme Kurse.

Aber die Wochentage sind nicht nur von Arbeit geprägt. In der Sakristei hängt immer der liturgische Kalender der Woche aus. Bereits durch die Liturgie bekommt jeder Tag seinen eigenen Charakter. Da sehe ich schon am Sonntag, welche Feste oder welche Heiligengedenktage in diese Woche fallen. Wenn ich morgens aufwache, überlege ich daher nicht nur, welche Termine heute anstehen und was mich an Arbeit erwartet, sondern auch, welcher Gedenktag heute ist. Auch während der Woche gibt es immer wieder Festtage, etwa Apostelfeste oder das Fest der heiligen Scholastika, des hl. Joseph, das Fest der Verkündigung oder der Heimsuchung Mariens. Diese Tage lösen in mir etwas aus. Auf manche freue ich mich ganz besonders. Gerade die Marienfeste während der

Woche haben eine eigene Qualität. Marienfeste sind spielerische Feste. Sie spiegeln Gottes Wirken an uns in der Gestalt Mariens. An Maria wird deutlich, wie Gott an uns handelt. Und es sind immer optimistische Feste, die uns zeigen, welche göttliche Würde wir haben. An den Marienfesten begegnet mir der mütterliche und zärtliche Gott, der Gott mit einem weiblichen Antlitz. Die Feste prägen nicht nur die Eucharistiefeier, sondern auch das Chorgebet während des Tages. Sie geben dem Tag eine bestimmte Farbe, eine Stimmung, eine Tiefendimension. Die Liturgie lädt mich ein, mein Leben auf dem Hintergrund dieser Feste neu zu bedenken, das Geheimnis meines Lebens zu erahnen. Mit Maria kann ich dann singen: „Großes hat der Mächtige an mir getan. Er hat herabgeschaut auf die Niedrigkeit seiner Magd."

Bei den Gedenktagen der Heiligen gibt es natürlich auch Tage, an denen mich der Heilige gar nicht interessiert. Zu ihm habe ich keine Beziehung. Er rührt in meinem Herzen nichts an. Aber es gibt andere Heilige, die mich wirklich tief berühren. Es ist nicht nur der hl. Benedikt, dessen Tag am 21. März wir ja als hohes Fest begehen, oder der hl. Anselm, an dessen Gedenktag ich Namenstag feiere. Es sind auch der hl. Franziskus, der hl. Georg, Augustinus, Antonius, Martin, Klaus von der Flüe, Johannes vom Kreuz. Und es sind die heiligen Frauen, eine hl. Teresa von Avila, Katharina, Barbara, Elisabeth, Monika und viele andere mehr. Durch den Heiligen, dessen wir gedenken, bekommt der Tag ein anderes Gepräge. In der Vigil liest der Vigilleser oft etwas über die Heiligen vor. Wenn ich eine innere Beziehung zu einem Heiligen habe, dann bete ich die Psalmen bewusst mit ihm. Ich stelle mir vor, dass diese heilige Frau oder dieser heilige Mann den Psalm während ihres Lebens gebetet und darin ihre Sehnsucht nach Gott ausgedrückt haben. Jetzt – so glauben wir –

singen die Heiligen Gott das ewige Lob. Und sie singen es mit den heiligen Worten der Psalmen. Die Psalmen klingen im Himmel anders als auf der Erde. Indem ich mit den Heiligen die Psalmen singe, habe ich schon jetzt teil an ihrer Vollendung.

Ein solches Verständnis von Zeit war früher in katholischen Gegenden noch viel selbstverständlicher. Meine Tante zum Beispiel hat nie gesagt: „Am 17. Januar habe ich das oder jenes erlebt." Vielmehr sagte sie immer: „An Antonius bin ich dorthin gefahren." Das Fest des Abtes und Einsiedlers – oder eines anderen Heiligen – war für sie eine einprägsamere Markierung als der bestimmte Kalendertag. Dadurch hatte jeder Tag für sie sein eigenes Gepräge. Wir können diesen Brauch nicht einfach wieder aufgreifen oder eine solche tief im Heiligenkalender des Jahres verwurzelte Frömmigkeit wieder herstellen. Aber an vielen Heiligengedenktagen spüre ich an meinem eigenen Erleben, was eine solche Beziehung in der Seele von Menschen bewirken kann. Ich erlebe dann, dass der Tag eine andere Qualität bekommt. Es ist nicht nur einfach die normale Zeit, die abläuft, sondern eine Zeit, die geprägt ist von diesem Heiligen und von dem, was Gott in diesem Menschen bewirkt hat und was er auch heute an mir wirken möchte. Wenn wir zum Beispiel am 28. August das Fest des hl. Augustinus feiern, und ich an diesen Heiligen denke und daran, was ihn bewegt hat, dann weckt das auch in mir eine Sehnsucht, die diesen Heiligen erfüllt hat. Oder wenn wir am 19. November das Fest der hl. Elisabeth feiern, so muss ich nicht nur an meine jüngste Schwester denken, die so heißt und der ich zu ihrem Namenstag gratulieren werde. Vielmehr taucht sofort die Ausstrahlung in mir auf, die diese Heilige hatte. Sie war unangepasst. Sie hatte ein Herz voller Liebe, das sich den Armen zugewandt hat. Sie wurde nur 24 Jahre alt. Und doch hat sie die Geschichte des Abendlandes seither mitgeprägt. In einer solchen Vergegenwärtigung einer zeitlich weit zurückliegenden Biographie wird mir deutlich, worauf es im Leben immer, auch heute ankommt: Entscheidend ist nicht, wie lange ich lebe, was ich alles leisten und vorweisen kann. Entscheidend ist, dass ich mein Herz öffne und jeden Augenblick mit weitem Herzen lebe.

Manche meinen, das Leben im Kloster sei eintönig. Aber jeder Tag hat gerade durch die bewusste liturgische Ausrichtung unseres Lebens seine eigene Qualität. Was früher das Leben der Menschen bis in den Alltag hinein prägte und diesen Alltag auch transzendiert hat, der Bezug auf den Heiligenkalender, ist heute weitgehend verloren gegangen. Es lässt sich unter den Bedingungen der modernen Welt wohl auch nicht wieder beleben. In der Realität des Klosters wird das aber immer noch nicht nur erinnert, sondern wirklich gelebt. Die vielen Festtage und Gedenktage strukturieren die Woche und lassen mich jeden Tag anders erleben.

Die kirchliche Tradition verbindet mit den einzelnen Wochentagen nicht nur die Heiligen. Es gibt ja viele Tage, über denen nur steht: „de ea“: vom Wochentag. Diese Tage sind geprägt von den Lesungen, die auf diesen Tag fallen. Wenn es ein Evangelium ist, das mir viel bedeutet, dann begleiten mich diese Worte durch den ganzen Tag.

Darüber hinaus verbindet die Kirche die einzelnen Wochentage auch mit bestimmten Geheimnissen des Glaubens. Am Montag gedenkt sie der heiligen Dreifaltigkeit, am Dienstag der heiligen Engel, am Mittwoch des hl. Joseph, am Donnerstag des Heiligen Geistes oder auch der Eucharistie, am Freitag des Leidens Christi. Der Samstag ist Maria zugeordnet. Diese Zuordnung der einzelnen Wochentage zu Inhalten des Glaubens ist es, die jedem Wochentag seine eigene Qualität verleiht.

Wenn wir am *Montag* des dreifaltigen Gottes gedenken, dann ist dieser Tag nicht einfach nur der erste Arbeitstag der Woche. In der Arbeitswelt hat der Montag ja eine eigene Qualität. In manchen Gegenden sprach man vom blauen Montag, weil viele an ihm noch betrunken waren vom Alkoholkonsum am Wochenende. Heute hat der Montag etwas von der Schwere an sich, die die Arbeit mit sich bringt. Das Denken an den dreifaltigen Gott bringt eine andere Qualität mit sich. Da weiß ich, dass ich auch mitten im Alltag in Gott hineingetaucht bin. Und ich weiß, dass ich nicht aus der eigenen Kraftquelle arbeite, sondern aus der Quelle des Heiligen Geistes. Und die ist unerschöpflich, weil sie göttlich ist. Wenn ich aus dieser Quelle arbeite, bekommt meine Arbeit eine andere Qualität. Es sprudelt etwas aus mir hervor. Es blüht etwas auf. Die Arbeit, die nur vom eigenen Willen bestimmt ist, schafft um sich oft eine aggressive Atmosphäre.

Am *Dienstag* denken wir daran, dass wir nicht allein durch den Tag gehen, sondern dass uns unser Engel begleitet. Der Engel ist nicht nur der Schutzengel, der mich auf meinen Fahrten begleitet und manchmal durch Staus doch noch rechtzeitig zum Vortrag führt. Der Engel inspiriert mich. Er bringt mich auf neue Ideen. Er lässt mich mitten in einer schwierigen Entscheidungssituation die richtige Lösung finden. Das Gedenken an die heiligen Engel erinnert mich daran, dass manche Menschen für mich zum Engel werden können und dass ich manchmal selbst für andere Engel sein darf. Die Engel öffnen mir die Augen für das Geheimnis des Miteinanders: Es ist nicht nur Rivalität und Konkurrenz, sondern einer wird für den andern zum Engel, der ihm das rechte Wort sagt und ihn aufrichtet, wenn es ihm nicht gut geht.

Am *Mittwoch* denken wir an den hl. Joseph, den Patron der Arbeit. Das meint: Wenn uns in der Mitte der Woche die Arbeit beschwerlich wird, erinnert uns das Gedenken an ihn daran, dass die Arbeit eine spirituelle Aufgabe ist. An ihr entscheidet sich, ob wir uns auf Gott einlassen oder nur um uns selbst kreisen. Der hl. Josef ist in den Klöstern auch der Patron des Cellerars. Er ist für die Finanzen zuständig. Er zeigt mir, dass es nicht selbstverständlich ist, wenn die Geldgeschäfte gelingen. Auch das Wirtschaften braucht den Segen Gottes. Sonst wird es leicht zum Tyrannen, der alles Tun und Denken nur noch wirtschaftlichen Zwecken unterordnet.

Der *Donnerstag* ist seit jeher der Gedächtnistag für die Einsetzung der Eucharistie. In unserer Abtei feiern wir daher am Donnerstag die Eucharistie am Abend. In vielen Pfarreien ist an diesem Tag Abendmesse. In der Eucharistie feiern wir die Verwandlung unseres Alltags. Das, was wir an Arbeit und Mühe leisten, halten wir Gott hin, damit er es verwandle in den Leib und in das Blut Jesu Christi, damit alles, was wir tun, von Gottes Liebe durchdrungen werde, die im Tod Jesu in ihrer vollendeten Gestalt aufgeleuchtet ist. In der Eucharistie bitten wir, dass unsere Arbeit zum Brot und Wein für andere, zum Segen für viele werde.

Der *Freitag* ist der Todestag Jesu. Da gedenken wir seines Sterbens am Kreuz. Um 15.00 Uhr läuten jeden Freitag die Glocken und laden uns zum stillen Gebet ein. Wenn wir um diese Zeit gerade eine Besprechung haben, halten wir inne und gedenken des Todes Jesu. Dieses kleine Ritual macht uns deutlich, dass unsere Zeit nicht einfach nur messbare Zeit ist, sondern durch die Geschichte geprägte Zeit, Zeit der Erinnerung, Zeit, in der immer wieder das Eigentliche in unser Leben einbricht. Das Gedenken an den Tod Jesu am Kreuz freitags um 15.00 Uhr gibt der Zeit eine andere Qualität. Es ist heilige Zeit, Zeit, in der der ewige Gott im Tod Jesu an uns Heil gewirkt hat. Der erste Freitag im Monat ist Herz-Jesu-Freitag. Er wird in besonderer Weise begangen. Dann steht der Abt dem Konventamt vor und erklärt, in welchem Anliegen wir heute vor allem beten und meditieren wollen. Der Herz-Jesu-Freitag erinnert uns an das Zentrum unseres Glaubens, an die Mensch gewordene Liebe Gottes. Im Herzen Jesu wird diese Liebe für uns sichtbar. Daher ist dieser Tag immer ein Tag des Schweigens und Meditierens.

Der *Samstag* ist immer Mariensamstag. Der jüdische Sabbat ist der Ruhetag. Etwas von dieser Qualität der Ruhe leuchtet in Maria auf. Maria zeichnet sich nicht durch viele Arbeit aus, sondern dadurch, dass sie sich auf das Wort des Engels eingelassen hat und die Worte Gottes in ihrem Herzen bedachte, hin und her bewegte, wie Lukas es ausdrückt. Maria ist die kontemplative Frau, die nach innen schaut. Sie bringt in unseren männlichen Alltag eine weibliche Färbung. Der Samstag hat im Klosteralltag eine andere Struktur. Am Vormittag arbeiten wir. Allerdings sind die Werkstätten, die mit Angestellten zusammen arbeiten, geschlossen. Die Meister machen am Samstag ihre Abrechnungen. In der Verwaltung arbeiten wir ganz normal. Wenn ich mal keinen Kurs habe, freue ich mich, am Samstagvormittag die Post aufzuarbeiten, die während der Woche liegen geblieben ist. Am Nachmittag ist dann frei. Normalerweise habe ich am Samstag einen Kurs. Doch wenn ich frei habe, freue ich mich darauf, den ganzen Nachmittag lesen oder schreiben zu können.

Wenn wir samstags nach der Vesper aus der Kirche ausziehen, läuten die Glocken den Sonntag ein. 10 Minuten lang erklingen alle Glocken zusammen. Wir gehen in dieser Zeit schweigend im Kreuzgang umher. Das ist eine gute Gelegenheit, die Woche bewusst hinter sich zu lassen und sich auf den Sonntag einzustellen.

Die Glocken geben der Zeit ein eigenes Gepräge. Das Geheimnis, das hinter der Zeit liegt, wird im Glockenklang hörbar. Während der Woche haben uns die Glocken zu jeder Gebetszeit eingeladen. Der Sakristan kennt einen genauen Läuteplan. Zu den kleinen Horen läutet nur eine kleine Horenglocke. Zur Vesper läuten drei Glocken und zwar 15 Minuten vor der Vesper und dann nochmals 5 Minuten vorher. Bei hohen Festen läuten alle sechs Glocken zusammen und dann schon eine halbe Stunde und nochmals 7 Minuten vorher. Und jeden Morgen und Abend läutet die Angelusglocke, die „Engelsglocke". Sie lädt uns ein, den Engel des Herrn zu beten, in dem wir der Verkündigung des Engels an Maria und der Menschwerdung Gottes in Jesus Christus gedenken.

Nicht der Minutentakt, sondern die Glocken prägen die Zeit im Kloster. Die Glocken sind in allen Kulturen und Religionen ein heiliges Zeichen. Sie sind Symbol für die Verbindung zwischen Himmel und Erde. Sie öffnen den Himmel über der Erde. Sie lassen das Ewige einbrechen in unsere Zeit. Die Glocken rufen zum Gebet. Der Glockenklang symbolisiert aber auch die kosmische Harmonie. Himmel und Erde sind in ihrem Zusammentönen eins miteinander. Im Läuten der Glocken drücken wir unsere Sehnsucht danach aus, dass der göttliche Klang diese Welt erfülle und allen Lärm daraus vertreibe. Das deutsche Wort „Lärm" kommt ja vom italienischen „allarme", das den Ruf bedeutet „all'arme": zu den Waffen. Gegenüber diesem kriegerischen Lärm wollen uns die Glocken an die Stimme Gottes erinnern. Wenn wir die Stimme Gottes in den Glocken vernehmen – so meint das christliche Mittelalter –, dann wird unsere Seele über die Grenzen des Irdischen hinausgeführt. Glockengeläute bewirkt eine eigenartige Stimmung im Menschen. Es macht nicht nur aufmerksam. Die Glocken stimmen die Seele auch ein auf Gott, der das eigentliche Ziel des Menschen ist. Im Mittelalter dachte man, dass Glocken die Dämonen abwehren. Sie vertreiben also böse und trübe Geister, dunkle Stimmungen aus dem Herzen des Menschen, erfüllen ihn mit Freude und stimmen ihn feierlich.

Das festliche Geläut stimmt in besonderer Weise auf den Sonntag ein. Die Woche mündet ja ein in den Sonntag. Der Sonntag wird bereits mit der ersten Vesper am Samstag eingeleitet. Am ersten Samstag im Monat beginnen wir nach der Vesper das Abendessen mit einer kleinen Lichtfeier. Der Abt stimmt den Hymnus „Heiteres Licht“ an, und ein Novize zündet im Speisesaal auf einem besonderen Leuchter die Kerze an. Das Licht, das wir in der Vesper besungen haben, soll auch unser Miteinander beim abendlichen Mahl prägen.

Am *Sonntag* stehen wir etwas später auf, erst um 5.45 Uhr. Die Vigil beginnt dann um 6.10 Uhr mit dem gesungenen Invitatorium. Es ist das Lied, das uns einlädt, Gott zu loben. Es beginnt mit dem Vers „Jubelt Gott zu, der unsre Stärke ist, jauchzt dem Gott Jakobs. Hebt an zu singen, schlagt die Pauke, die liebliche Leier samt der Harfe!“ (Ps 81,1f). So stimmen uns schon die ersten Verse dieses Eingangsliedes in das sonntägliche Lob Gottes ein. Nach der Vigil singen wir am Sonntag auch die Laudes und preisen darin Gott als unseren Retter und unsere Stärke.

Die sonntägliche Morgenhore dauert eine gute Stunde. Dann ist stille Zeit bis zum feierlichen Konventamt um 9.00 Uhr. Nach dem Konventamt ist Zeit zum Lesen oder Musikhören. Und auch der Nachmittag ist frei. Ich freue mich immer, am Sonntag mal richtig lesen zu können. Wenn das Wetter schön ist, gehe ich nach dem Mittagsschlaf spazieren, um alles loszulassen, was war. Meistens habe ich ja am Wochenende einen Kurs, der mit dem Mittagessen endet. Dann tut es mir gut, mich beim Gehen von dem zu verabschieden, was vergangen ist, und dankend nochmals zu bedenken, was in den Menschen aufgebrochen ist.

Auch die Vesper am Sonntag ist feierlicher als sonst. Da stehen wir während der Rezitation der Psalmen. Wir singen die Hallelpsalmen, die Jesus mit seinen Jüngern beim letzten Abendmahl gesungen hat. Sie jubeln über das Geheimnis von Tod und Auferstehung. Sie besingen Gott, der den Armen aus dem Schmutz erhebt, (Ps 113,7) und fordern uns auf: „Tanze, du Erde, vor dem Antlitz des Gottes Jakobs!“ (Ps 114,7). Die Sonntagsvesper liebe ich besonders. Sie gibt dem Sonntag den Geschmack der Auferstehung.

Beim Abendessen am Sonntag gibt es Bier. Nicht nur das regt die Gespräche bei der abendlichen Rekreation an. Oft spüren wir auch eine gewisse sonntägliche Beschwingtheit, mit der wir dann die Komplet zum Abschluss des Sonntags singen.

So hat die Woche ihre Struktur. Der nach außen hin immer gleiche Rhythmus gibt der Woche ihr Gepräge und lässt nie Langeweile aufkommen. In der Verschiedenheit der Tage liegt eine innere Spannung und Lebendigkeit. Ich spüre, dass mir dieser Rhythmus gut tut. Er hält mich lebendig und schützt mich davor, nicht nur zu arbeiten, sondern auch genügend Zeit zum Lesen, Beten und zur Erholung zu haben. Nach dem Sonntag beginne ich die Arbeit am Montagmorgen mit neuem Schwung. Es ist kein Widerwille da, sondern das Gefühl, dass es so stimmt. Und ich habe nicht den Eindruck, dass alles zu viel ist.

5.
Vom Rhythmus des Jahres und vom Zyklus der Feste

Das Jahr im Kloster ist geprägt durch das Kirchenjahr. Dieses Kirchenjahr enthält in seiner inneren Abfolge und seinen verschiedenen Höhepunkten eine gesunde Spannung. Es bringt meine Seele in Berührung mit den wichtigsten Themen, die sie braucht, um zu reifen und zu wachsen. Man könnte das Kirchenjahr mit C. G. Jung ein therapeutisches System nennen, das mich in alle Höhen und Tiefen meiner Seele einführt, meine Wunden mit dem Geschick Jesu konfrontiert und auf diese Weise zu heilen sucht. Der Zyklus der verschiedenen Feste stellt die wichtigsten archetypischen Bilder dar, die unsere menschliche Seele kennt. Damit bringen die Feste Bewegung in die Seele. Sie zentrieren uns und helfen uns, wenn wir sie bewusst begehen und mitfeiern, unser wahres Selbst zu finden. Das Kirchenjahr greift den natürlichen Rhythmus der Jahreszeiten auf. Die ursprünglichen Feste waren Naturfeste: Frühlingsfeste, Feste der Aussaat, Erntefeste, Feste der untergehenden oder der aufgehenden Sonne. Die Menschen haben die Vorgänge in der Natur immer als Symbol für das eigene Werden und Wachsen gesehen und sie daher in einem Fest gefeiert. Die Kirche hat diese archetypischen Bilder der Naturfeste mit dem Leben Jesu verbunden, mit seiner Geburt, seiner Taufe, seinem Tod und seiner Auferstehung. Damit hat sie die eigentliche Tiefe der Schöpfungsfeste ausgelotet.

Die Liturgie kennt für die verschiedenen Feste und Festzeiten des Kirchenjahres eine Reihe von Ritualen. Für mich sind diese vorgegebenen Rituale heilsam. Sie schaffen im Konvent sofort eine andere Atmosphäre. Die Rituale verbinden uns miteinander und richten uns gemeinsam auf Gott aus. Sie helfen uns, das Fest oder eine Festzeit gemeinsam zu feiern und dabei unsere Gefühle und Sehnsüchte auszudrücken. Rituale tragen eine eigene Kraft in sich. Sie schaffen einen heilenden Raum, in den man eintauchen kann. Aber zu den gemeinsamen Ritualen entwickelt jeder Mönch seine ganz persönlichen Rituale, in denen er seine Beziehung zu Gott jeweils in einer der Festzeit entsprechenden Form ausdrückt. Mir helfen die persönlichen Rituale, das Kirchenjahr auf meine urpersönliche Weise zu begehen. Sie bringen jedes Jahr wieder etwas Vertrautes in mein Leben, etwas, das mir Halt gibt. Rituale schaffen für mich ein Haus, in dem ich mich daheim fühle.

Das Kirchenjahr beginnt mit dem 1. Adventssonntag. Wir beginnen im Kloster den Advent immer mit einer langen Vigil am Vorabend des 1. Adventssonntags. In der Adventszeit schweigt die Orgel. Das Choralamt singen wir also ohne Begleitung durch ein Instrument. Bei den anderen Gottesdiensten verzichtet der Organist auf ein Vorspiel, und wir ziehen schweigend ein. Bei der Eucharistie tragen wir in dieser Zeit die violetten Gewänder. All diese Elemente führen dazu, dass der Advent nicht einfach an uns vorübergeht, wie es viele Menschen immer wieder beklagen. Die ganze Zeit ist geprägt von Warten und Schweigen. Die wunderbaren Texte aus dem Propheten Jesaja und die sehnsuchtsvollen Gesänge berühren das Herz. Beim Abendessen am Samstag sind im Speisesaal alle Lichter gelöscht. Der Kantor stimmt das „Rorate coeli" – Tauet Himmel – an. Während wir den Gesang wiederholen, wird die Kerze am Adventskranz angezündet.

In der Adventszeit sollen wir mit der Sehnsucht in unserem Herzen in Berührung kommen. Ganz bewusst begehen wir sie als Zeit des Wartens. Ohne Warten erstarrt der Mensch. Wer nicht mehr warten kann, der vermag auch das Geheimnis der Zeit nicht zu verstehen. Zeit ist immer Verheißung des Ewigen. In der Adventszeit warten wir auf das Kommen des Herrn, der in jedem Augenblick an die Türe unseres Herzens klopfen kann, damit wir ihm aufmachen. Die Adventszeit will unsere vielen Süchte wieder in Sehnsucht verwandeln. Die Sehnsucht lässt das Herz weit werden. Sie führt uns an den Grund der Seele, an die Quelle, aus der wir trinken dürfen, damit unser Leben neu wird. Advent ist für mich keine Zeit der Hektik, sondern eine Zeit, in der ich mich bewusst auf die Texte und Gesänge der Liturgie einlasse. Zu meinem persönlichen Ritual gehört es, dass ich an jedem Adventssonntag eine andere Kantate höre. Am ersten Sonntag ist es „Nun komm der Heiden Heiland", am zweiten „Bereitet die Wege", am dritten Sonntag „Wachet auf" – alle drei von Johann Sebastian Bach – und am vierten Adventssonntag höre ich den Adventsteil aus dem Messias von Händel. So liegt in diesen vier Wochen eine innere Spannung, die mich mehr und mehr für das Geheimnis von Weihnachten öffnet.

Den Heiligen Abend beginnen wir morgens mit der Vigilmesse, in der wir das wunderbare Offertorium singen: „Tollite portas": Erhebt euch, ihr uralten Pforten. Wenn unser früherer Organist, P. Augustin, das Offertorium auf der Orgel eingeleitet hat, dann hörte man förmlich, wie die Pforten der Erde sich auftun und die Erde bereit ist für die Menschwerdung Gottes. In der Liturgie der Weihnachtsvigil erklingt immer wieder der Vers: „Heute sollt ihr wissen, dass der Herr kommt. Und morgen werdet ihr schauen seine Herrlichkeit." Diese Worte erzeugen eine eigenartige Spannung. Es ist die Ahnung, dass Gottes Kommen in unser Leben etwas von der Herrlichkeit Gottes bringt. Am Nachmittag ist die feierliche erste Vesper von Weihnachten. Dann gestalten wir im Konvent eine kleine Weihnachtsfeier, in der der Abt eine Ansprache hält und für uns das Geheimnis von Weihnachten deutet. Dann habe ich drei Stunden Zeit, um mich in aller Stille auf die Vigil um 22.45 Uhr vorzubereiten. Diese drei Stunden sind für mich wichtig. Ich zünde die Kerzen auf meinem Schreibtisch an und stelle alle Weihnachtsbilder auf, die mir im Laufe meines Lebens wichtig geworden sind. Dann höre ich einen Teil des Weihnachtsoratoriums und schaue schweigend auf die Bilder, bete für die Menschen, die mir am Herzen liegen, und frage mich immer wieder: Was bedeutet es wirklich: Gott ist Mensch geworden, Gott wird in mir geboren? Auch wenn ich schon oft darüber gepredigt habe, so muss ich jedes Jahr neu um eine Antwort ringen, die meiner aktuellen Situation entspricht. Um 2.00 Uhr nachts endet die Weihnachtsvigil und der mitternächtliche Gottesdienst. Um 7.00 Uhr stehe ich wieder auf, um zu frühstücken und vor dem Konventamt noch zu lesen. An Weihnachten gönne ich mir, nur zu lesen, spazieren zu gehen, meine Geschwister anzurufen und die Zeit zu genießen: einfach da sein, das Geheimnis von Weihnachten erahnen. Das tut mir gut.

Seit ich 1979 den ersten Silvesterkurs für Jugendliche gehalten habe, ist für mich eine wichtige Erfahrung von Zeit mit der Silvesternacht verbunden. Zwanzig Jahre lang habe ich die Silvesternacht mit Jugendlichen betend und schweigend verbracht. Der Gottesdienst begann um 21.00 Uhr und endete immer zwischen 2.30 und 3.00 Uhr. Er wurde nie langweilig. Die Zeit vor und nach Mitternacht verbrachten wir schweigend in der dunklen Abteikirche. Ich führte immer kurz in dieses Schweigen ein. Ich lud die Jugendlichen ein, schweigend die alte Zeit verrinnen zu lassen, loszulassen, was im vergangenen Jahr war, um dann in der Stille die neue Zeit zu erspüren, die unberührt ist, lauter, rein und offen für Gottes neue Möglichkeiten für mich und für diese Welt. Da spürten die jungen Menschen etwas vom Geheimnis der Zeit, von ihrer Vergänglichkeit, aber auch von der Unberührtheit und Unversehrtheit der neuen Zeit, die uns im jeweiligen Augenblick geschenkt wird. In der Stille der Mitternacht wurde die Zeit greifbar. Um 24.00 Uhr läutete dann die große Glocke das neue Jahr ein. Der tiefe Glockenklang gab dieser noch unschuldigen Zeit des neuen Jahres eine eigene Qualität.

Das Neue Jahr beginnen wir immer mit drei Konventstagen, in denen wir uns Zeit nehmen, gemeinsam über unser Leben zu reflektieren und uns zu fragen, wie wir in diesem Jahr als Mönche Antwort geben können auf die Fragen unserer Zeit. Wir ringen darum, den Willen Gottes zu erspüren. Was will Gott von jedem Einzelnen von uns und was von unserer Gemeinschaft? Welche Aufgabe haben wir für unsere Welt heute? Was bewegt die Menschen in ihrem Innersten? Und wie möchten wir als Mönche leben, damit wir ein authentisches Zeugnis ablegen können für die Hoffnung, die uns bestimmt?

Die Weihnachtszeit kennt einen zweiten Höhepunkt: das Fest der Epiphanie. Der Sinn und die Botschaft dieses Festes: Gottes Herrlichkeit erscheint der ganzen Welt. Mich berührt jedes Jahr neu der Text von Karl Rahner, den wir in der Vigil hören: „Siehe, die Weisen haben sich aufgemacht. Ihre Füße liefen nach Bethlehem, ihr Herz aber pilgerte zu Gott. Sie suchten ihn; aber während sie ihn suchten, führte er sie schon … Lasst auch uns auf die abenteuerliche Reise des Herzens zu Gott gehen! Lasst uns aufbrechen und vergessen, was hinter uns liegt! Es ist noch alles Zukunft – weil wir Gott noch finden, noch mehr finden können.“ Das Fest lädt uns ein, den Pilgerweg unserer Sehnsucht auch im neuen Jahr zu gehen. Früher habe ich vor Epiphanie Kurse für ein Primanerforum gehalten. Es hat mich selbst berührt, wie sich die jungen Menschen für das Geheimnis des Epiphaniefestes begeistern ließen. Die Erinnerung an die intensiven Feste mit ihnen hilft mir, dieses Fest noch heute bewusst zu feiern. Wenn wir mit der Schola das „Illuminare Jerusalem" – Werde Licht, Jerusalem – singen, dann erahne ich das Licht, das in meinem Herzen aufstrahlen möchte.

Mit dem Fest der Taufe Jesu schließt offiziell die Weihnachtszeit. Dieses Fest schenkt uns die Gewissheit, dass wir Gottes geliebte Söhne und Töchter sind. Der Christbaum bleibt in unserer Kirche stehen bis zum Fest „Darstellung des Herrn" am 2. Februar, bis zu dem früher die Weihnachtszeit ging. Es ist für mich ein weiteres wichtiges Fest. An diesem Tag, dem 2. Februar, höre ich immer die Bachkantate „Ich habe genug". Im Lied des greisen Simeon geht mir das Geheimnis der Zeit auf: Ich darf in der Zeit immer wieder das Heil schauen, das Gott mir bereitet hat, in der Begegnung mit einem Menschen, in der Stille der Meditation, in einem Wort, das mich berührt. Bei Bach singt der greise Simeon, dass er genug habe, weil er Christus selbst in seinen Armen trug. Er kann die Zeit loslassen. Er wünscht sich den Tod, nicht um vor dem Leben zu fliehen, sondern weil er genug gesehen hat. Diese innere Gelassenheit wünsche ich mir. Ich erahne etwas von der Dankbarkeit, die singen kann: Es ist genug. Jeder Augenblick ist genug. In jedem Augenblick schaue ich Gottes Heil. So kann ich jeden Augenblick auch wieder loslassen. Ich brauche ihn nicht voller Angst festzuhalten.

Die Fastenzeit hat ihr eigenes Gepräge. Ich beginne die Fastenzeit immer mit einem Fastenkurs. Mit den 35 Teilnehmern dieses Kurses faste und schweige ich. Ich trinke nur Wasser und Tee. Das ist für mich ein guter Einstieg in die Fastenzeit. Es macht mich innerlich wacher und ich nehme die Zeit bewusster wahr. Danach fällt es mir leichter, während der Fastenzeit weniger zu essen, auf Süßigkeiten und Alkohol zu verzichten und die Zeit bewusst als Training in die innere Freiheit zu nutzen. Ich liebe die Fastenzeit nicht. Aber ich spüre, dass sie mir gut tut. Es ist eine Zeit der inneren und äußeren Reinigung, eine Art Frühjahrsputz für Leib und Seele. Sie bringt in mir wieder in Ordnung, was sich während des Jahres an Unordnung eingeschlichen hat, an Undiszipliniertheit im Essen, an Durcheinander in meiner Zelle und im Büro. Zugleich entlastet mich diese Zeit. Ich muss nicht das ganze Jahr über strenge Disziplin üben. Es gibt eine Zeit im Jahr, die alles wieder in ihr richtiges Maß zurückführt. Die Fastenzeit bereitet mich innerlich auf den Frühling vor und auf Ostern als das Fest der Auferstehung.

Ostern ist für mich das bedeutendste Fest im ganzen Kirchenjahr. Ab 1974 habe ich fünfundzwanzig Jahre lang Ostern gemeinsam mit Jugendlichen (oft bis zu 250 jungen Menschen) gefeiert. Es waren anstrengende Tage. Bis zu 25 Stunden Beichtgespräche in den vier Tagen – neben der Liturgie und den Kurseinheiten – haben Kraft gekostet. Aber ich habe auf Ostern hingefiebert, bis sich die Spannung in der Osternacht löste. In der Fastenzeit spüre ich jedes Jahr etwas von dieser Spannung auf das Fest der Feste, von dem ich mir erhoffe, dass das Licht in alle Dunkelheit dringt und die Lebendigkeit alles Tote und Erstarrte in mir neu zur Blüte bringt. Ich erlebe die Osternacht jedes Jahr anders. Ich kann nicht immer die gleiche Stimmung haben. Ich muss das Licht der Osterkerze in mein Herz halten, so wie ich mich gerade fühle. Und das ist jedes Jahr anders. Aber in jedem Jahr spüre ich, wie sich

Fesseln lösen und ich aus dem Grab von Enttäuschung und Verhärtung aufstehe zu neuem Leben. Die Osterzeit ist für mich die schönste Zeit im Jahr. In der Natur siegt der Frühling über den Winter. Die Liturgie ist voll von wunderbaren Gesängen. Gerade die vielen österlichen Alleluja-Gesänge lassen das Herz höher schlagen.

Die Osterzeit hat ihren eigenen Rhythmus. Vierzig Tage dauert die Zeit bis Christi Himmelfahrt. Vierzig ist die Zahl der Wandlung. In den vierzig Tagen soll das Geheimnis der Auferstehung uns immer mehr verwandeln und ermutigen, selbst aufzustehen zum Leben. Am 40. Tag fährt Jesus zum Himmel auf, damit wir ihm nicht mehr äußerlich nachfolgen, sondern ihn in uns hineinnehmen als inneren Meister.

Am 50. Tag feiern wir Pfingsten. Fünfzig ist die Zahl der Ganzheit, der Abrundung, der Vollendung. Im 50. Jahr entließen die Israeliten ihre Sklaven und ließen ihre Felder ein Jahr lang unbebaut, damit sie sich wieder erneuern konnten. Mit 50 Jahren brauchten die Römer keinen Kriegsdienst mehr zu leisten. Wenn an Pfingsten der Heilige Geist uns durchdringt, dann können wir all die inneren Zwänge entlassen. Wir müssen nicht mehr verbissen kämpfen, sondern dürfen darauf vertrauen, dass Gottes Geist in uns zu einer Quelle wird, die uns befruchtet und lebendig hält.

Die Frucht von Ostern geht an Pfingsten auf. Da feiern wir unsere Verwandlung durch den Gottesgeist. Fünfzig Tage lang den Auferstehungsweg zu gehen, das führt in die Freiheit, in die Lebendigkeit, in die Fülle. Da fallen viele Fesseln ab. Da wird manches Dunkle erhellt. In die Osterzeit fällt der schöne Mai, in dem die Bäume ausschlagen, überall das frische Grün erscheint und die Vögel einen schon früh am Morgen aufwecken. Der Mai ist Maria geweiht. Im Kloster ziehen wir am Ende der Komplet zum Marienaltar und halten dort eine kurze Andacht. Maria wird da in manchen Liedern als die schönste aller Blumen besungen. In ihr vollendet sich, was die aufgehenden Blüten in der Natur an Verheißung in sich tragen. Und sie ist ein Bild für uns und die innere Schönheit, die jeder in sich trägt, weil jeder von uns von Gott gut und schön erschaffen wurde. Jeder von uns ist eine einmalige Blüte im Garten Gottes.

Nach Pfingsten beginnt die Zeit im Jahreskreis, in der wir am Sonntag wieder grüne Gewänder tragen. Aber diese Zeit wird immer wieder von schönen Festen unterbrochen: von Fronleichnam, vom Herz-Jesu-Fest, von Mariä Heimsuchung, von den Festen Johannes des Täufers und Peter und Paul.

Der August gipfelt im sommerlichen Fest Mariä Himmelfahrt. In Maria, die mit Leib und Seele in den Himmel aufgenommen wurde, feiern wir die Würde und Vollendung unseres Leibes. Und wir feiern die gute Schöpfung Gottes, die uns schöne Blumen und heilende Kräuter hervorbringt. An diesem Fest werden Kräuterbüschel geweiht aus Dankbarkeit für Gottes liebende und heilende Sorge für uns in seiner Schöpfung.

Der September ist geprägt von Wallfahrten zu den Stätten der Marienverehrung und von den Festen Mariä Geburt und Mariä Schmerzen. Das sonnige Wetter im September unterstützt die Wallfahrer. Aber es gibt auch regnerische Tage, in denen sich schon die Kälte des Herbstes ankündigt. Der September schließt mit dem Fest der Erzengel Michael, Gabriel und Raphael – Feste mit einer tiefen spirituellen Botschaft: Engel begleiten uns auf unserem Weg. Das lässt unseren Weg gelingen, auch wenn manchmal eine herbstliche und depressive Stimmung die Seele heimsucht.

Der Oktober bringt so beliebte Heiligenfeste wie Franziskus, Terese von Lisieux, Teresa von Avila und Hedwig und Ursula. Man spricht vom goldenen Oktober. Wenn die Herbstsonne die bunten Blätter der Laubbäume bestrahlt, dann entsteht in der Tat ein goldener Glanz. Er zeugt nicht nur von der Ernte der Natur, sondern auch von der inneren Ernte. Wenn Gottes Licht in uns alles erleuchtet, wird auch in uns etwas golden.

Der November beginnt mit dem Allerheiligenfest und dann mit Allerseelen und dem Gedenken an die Verstorbenen. Der triste Monat wird aber auch durchbrochen von so beliebten Heiligen wie Hubert, Martin, Albert, Elisabeth und Katharina. Am 23. November feiern wir in der Abtei das Fest unserer Patronin Felicitas. Wir feiern es mit allen Schülern und Schülerinnen und mit unseren Angestellten, die wir dann mit ihren Angehörigen zu einem Fest in die Turnhalle einladen. Dabei werden die 10-, 25- und 40-jährigen Dienstjubilare geehrt. Das Ende des Kirchenjahres bringt die ganze Klosterfamilie mit allen, die dazu gehören, zusammen. Wir schauen dankbar zurück auf das, was Gott uns geschenkt hat. Und es ist auch ein Rückblick auf das Wirtschaftsjahr. Denn es ist nicht selbstverständlich, dass wir wirtschaftlich erfolgreich arbeiten.

So beschreibt das Jahr einen Bogen. Und jedes Mal habe ich das Gefühl, dass es schon wieder schnell vorüber ist. Der lebendige Rhythmus und die innere Spannung verhindern jede Eintönigkeit. Das Jahr ist von Festen durchbrochen, die der Zeit ein immer anderes Gepräge verleihen. In allen Religionen haben Feste die Aufgabe, die unstrukturierte Zeit zu gliedern und das Chaos zu einem Kosmos zu verwandeln. Die Feste erinnern die Menschen an die Urzeit, an die ursprünglich heilige Zeit und schenken ihnen Anteil daran. Die Feste sind wie eine Erneuerung der Zeit aus dem Ursprung heraus. Indem am Fest die heilige Zeit in unsere vergängliche Zeit einbricht, bekommt die verbrauchte Zeit wieder ihre Frische. Am Fest wird mitten in der Zeit das Ewige erfahrbar. Das Fest transzendiert den Alltag und gibt der Zeit, die ausgenutzt wird, eine andere Qualität. Feste sind Freizonen, zweckfreie Zeiten. Das Fest deutet den Alltag von einer anderen Warte aus. Feste sind „Räume, in denen der Mensch aufatmet und alle Funktionalitäten unterbricht" (Garhammer). Feste sind heilige Zeiten. Für die Griechen vermag nur das Heilige zu heilen. In der heiligen Zeit des Festes haben wir teil an der reinen, unberührten, unbeschmutzten Zeit des Ursprungs. Da ahnen wir, was Zeit eigentlich bedeutet: der uns von Gott geschenkte Augenblick, der Ort der Gottesbegegnung, der Ort, an dem wir uns so erfahren, wie wir im Ursprung gedacht waren, als Gottes geliebte Söhne und Töchter, die vor ihm wandeln dürfen wie einst Adam und Eva im Paradies.

Der griechische Philosoph Demokrit hat das Fest als Rasthaus auf dem Weg unseres Lebens verstanden: „Leben ohne Feste ist wie ein langer Weg ohne Rasthäuser." Feste unterbrechen die Eintönigkeit des Alltags. Unser Leben ist ein ständiges Unterwegssein. Doch wir können nicht immerzu wandern. Wir brauchen auf unserem Weg Rasthäuser, sonst ermüden wir. Wer, ohne einzukehren, immer weiter wandert, der überfordert sich selbst. Er wird ärgerlich. Auf einmal stört ihn alles auf seinem Weg. Der Weg ist ihm zu holprig. Das Wetter macht ihm einen Strich durch die Rechnung. Wir können unseren Weg nur dann freudig und beschwingt gehen, wenn wir wissen, dass uns auf dem Weg immer wieder eine Rast erwartet. Rast hat mit Ruhe zu tun. Die Rast bezeichnet ursprünglich die Wegstrecke, die wir zwischen zwei „Rasten", zwischen zwei „Ruhezeiten" zurücklegen können. Wir brauchen immer wieder ein Rasthaus, in das wir einkehren können, damit der Weg nicht zu beschwerlich wird und uns zur Umkehr zwingt. Kehren heißt: wenden, umwenden, verwandeln. Wer einkehrt, der geht verwandelt weiter. Feste sind eine Einkehr auf unserem Weg, damit wir verwandelt weitergehen können, anstatt zum Ausgangspunkt zurückkehren zu müssen.

6.
Vom spirituellen Umgang mit einem kostbaren Gut

Das Besondere im Umgang der Mönche mit der Zeit liegt sicher darin, dass sie ihre spirituelle Qualität wahrzunehmen und zu leben versuchen. Dieser spirituelle Umgang mit der Zeit ist zunächst einmal vom Stundengebet geprägt, das die Arbeit immer wieder unterbricht und der Zeit ihre eigene Qualität verleiht. Durch die heilsame Unterbrechung der Zeit wird die Zeit selbst heil. Sie verliert ihre unzusammenhängende Zerrissenheit und ihr monotones Einerlei. Sie erfährt ihre Mitte. Denn im Stundengebet bricht immer wieder die Zeit Gottes in unsere menschliche Zeit ein. Und in der Zeit Gottes erahnen wir mitten in der Zeit die Ewigkeit Gottes. Dass in der Liturgie Zeit und Ewigkeit zusammenfallen, ist ein wichtiges Thema christlicher Mystik. In der Liturgie öffnet sich ein Fenster zum Himmel. Der hl. Benedikt fordert die Mönche auf, im Angesicht der Engel Gott zu lobpreisen. Die Engel schauen immerfort das Antlitz Gottes. Sie sind geschaffene geistige Wesen und haben daher keinen Anteil an der Zeit. Wir dürfen also nach diesem Verständnis in der Zeit teilhaben an der Zeitlosigkeit Gottes und der Engel. Wir dürfen uns bewusst sein, dass wir in der Zeit die Zeit überschreiten – hinein in die ewige Zeit Gottes. So gesehen, aus der Innensicht dessen heraus, was die Mönche vollziehen, kann das Argument nicht gelten, die Stundengebete seien vergeudete Zeit, in der nichts Effektives geschieht. Denn gerade indem wir täglich drei Stunden in der Kirche verbringen, ohne das Gefühl, vor Gott etwas leisten zu müssen, bekommt die Zeit eine andere Qualität. Zeit ist nicht Geld – und doch etwas Kostbares und Wertvolles. Zeit ist der Ort, an dem der Himmel sich über uns öffnet, an dem Gott selbst uns begegnet und uns der Zeit enthebt. Die hektische Zeit wird aufgehoben und es leuchtet etwas auf von der freien Zeit, von der ewigen Zeit Gottes. Es wird etwas erfahrbar von Seiner Wirklichkeit.

Die Zeiten des Stundengebets sind heilige Zeit, denn sie entziehen sich der Herrschaft dieser Welt. Und wir berühren diese heilige Zeit mitten in der Hektik der Welt. Völker vergangener Zeiten glaubten, unsere Zeit könne nur erneuert werden, wenn sie teilhat an der heiligen Zeit. Diese schenkt unserer oft verbrauchten Zeit neue Lebensenergie. Es ist die göttliche Energie, an der uns die heilige Zeit des Stundengebets Anteil haben lässt. Die heilige Zeit führt uns heraus aus der durch Termine bestimmten Abfolge verzweckter und verplanter Stunden und lässt uns eintauchen in den göttlichen Wurzelgrund. Dort strömt uns neues Leben entgegen. Dies also ist der tiefste Grund dafür, dass die heilige Zeit des Stundengebets keine verschwendete Zeit ist, sondern Erneuerung unserer Zeit.

Die Stunden des gemeinsamen Gebets sind keine Arbeit, sondern sie unterbrechen die Arbeit. Eine solche Unterbrechung bleibt nicht ohne positive Auswirkung für uns, auf der geistigen, auf der seelischen und auf der leiblichen Ebene. Dass uns dies gut tut, ist eine allgemein menschliche Einsicht. Schon der römische Philosoph Seneca empfiehlt dem Menschen, die Arbeit nicht ununterbrochen fortzusetzen. Denn das würde den Schwung des Geistes hemmen. „Man bekommt wieder frische Kraft, wenn man ein wenig geruht und sich erholt hat." Ich empfinde das Stundengebet als eine Zeit, in der ich mit meinem innersten Wesen, mit meiner Seele in Berührung komme und auf diese Weise wieder aufatme. Der römische Kaiser Marc Aurel sieht das Ziel der Zeit darin, die Seele des Menschen aufzuheitern: „Wenn du die Zeit nicht zur Aufheiterung deiner Seele verwendest, wird sie entschwinden, und du wirst entschwinden, und ein zweites Mal wird es nicht möglich sein, sie zu verwenden." Das Stundengebet bringt mich täglich mit meiner Seele in Berührung und setzt so in mir kreative Energie frei. So hindert mich das Stundengebet nicht an der Arbeit, sondern gibt ihr im Gegenteil eine andere Qualität. Sie atmet dann mehr Phantasie und Kreativität. Und sie ist nicht Mühsal, sondern schöpferisches Tun, das mir Freude bereitet, anstatt mich zu überanstrengen. In der Konsequenz steckt darin eine Einsicht, die nicht nur für Mönche und nicht nur für das Leben im Kloster von Bedeutung ist. Jeder Manager, der kreativ arbeiten will, braucht täglich die heilsame Unterbrechung der Pausen. Keine Pause ist heilsamer als eine, die der Stille und der Meditation dient und uns mit dem immer neuen und erneuernden Geist Gottes in Berührung bringt.

Kontemplation

Ein anderer wichtiger Aspekt des spirituellen Umgangs mit der Zeit ist die Übung der Kontemplation. „Contemplari" heißt eigentlich „schauen". Ich schaue nach innen, in den Raum der Seele, um dort das innere Licht zu schauen, um Gott zu schauen, der in mir ist. Aber Gott kann man nicht direkt schauen, nicht als Bild neben anderen Bildern, sondern als Urbild in allen Bildern. Contemplari meint ein Schauen, in dem ich mich selbst vergessen kann. Ich werde im Schauen eins mit dem Geschauten. Und in diesem Einswerden mit dem Geschauten steht die Zeit still. Da ahne ich etwas von der Ewigkeit. Das ewige Leben bei Gott versteht die christliche

Tradition als „visio beatifica“ – eine glückselige Schau Gottes. Schauen übersteigt die Zeit. In der Ewigkeit werden wir Gott nicht hören, sondern schauen. Hören geschieht immer in der Zeit. Schauen ist zeitlos. Im Schauen vergesse ich mich. Da steht die Zeit still.

Wenn ich jeden Morgen nach dem Frühchor die Kontemplation mit dem Jesusgebet übe, dann hat auch dies eine Folge. Indem ich das Jesusgebet spreche, schaue ich nach innen in mein Herz, in dem ich Christus anwesend glaube. Manchmal erfahre ich in der Kontemplation, dass die Zeit still steht und ich ganz und gar gegenwärtig bin. Das ist für mich der Gipfel der Zeiterfahrung. Die Zeit spielt keine Rolle mehr. Ich bin einfach da. Ich weiß nicht, wie lange das dauert. Manchmal ist es nur ein Augenblick. Aber in diesem Augenblick habe ich das Gefühl, dass es keine Zeit mehr gibt. Die Zeit bekommt eine andere Qualität. Sie ist aufgehoben in die Ewigkeit.

Was Kontemplation bedeutet, hat Papst Gregor in der Lebensbeschreibung des hl. Benedikt aufgezeigt. Dort erzählt Gregor, dass Benedikt in einem einzigen Sonnenstrahl die ganze Welt erblickte. In einem einzigen Augenblick sieht Benedikt also alles. Dieses Alles ist nicht das Vielerlei, das man nacheinander anschauen könnte. Es meint vielmehr den Grund der Wirklichkeit. Benedikt schaut allem auf den Grund. Er blickt durch. Er sieht nicht etwas Bestimmtes. Alles sehen – das ist das Schauen der Kontemplation. Ich sehe nicht etwas, über das ich berichten könnte. Ich schaue auf den Grund allen Seins. Ich schaue in den Grund meiner Seele. Und da ist alles eins. Da fallen die Gegensätze zusammen. Da sind Zeit und Ewigkeit eins. Kontemplation bedeutet Einswerden mit dem Sein und zugleich Zustimmung zum Dasein. Auch wenn in mir noch vieles durcheinander ist, auch wenn ich an mir und meinen Emotionen leide, so berühre ich in der Kontemplation doch den Ort, an dem ich in Einklang bin mit mir, an dem ich sagen kann: „Es ist gut so, wie es ist." Ich kann diesen Satz nicht mehr begründen. Ich kann nicht sagen: „Es ist gut, weil es so oder so ist." Es ist einfach so. Ich berühre das Sein und mit dem Sein hört alles Bewerten auf. Ich bin einfach. Gott ist. Das Sein ist. Und es ist gut so.

Für Evagrius Ponticus, den wichtigsten Schriftsteller des frühen Mönchtums, ist die Kontemplation Beten ohne Worte, ohne Bilder und ohne Gedanken. Unser Denken vollzieht sich in der Zeit. Worte brauchen Zeit. Kontemplation ist die Erfahrung, dass alles eins ist, dass ich mit Gott eins bin, der jenseits der Zeit ist. Und indem ich mit Gott eins bin, werde ich auch eins mit mir, mit meinem wahren Selbst. Und da erlebe ich, dass auch in mir etwas ist, das die Zeit übersteigt. In mir ist etwas Zeitunabhängiges, etwas Ewiges. Ich bin nicht Sklave der Zeit. In mir ist ein Freiraum, über den die Zeit nicht verfügen kann, weil er der Zeit entzogen ist. In diesem Freiraum, den mir die Kontemplation eröffnet, hören die Sorgen auf. Da denke ich nicht an früher und sorge mich nicht um die Zukunft, da bin ich einfach da.

Etwas später als Evagrius Ponticus hat Augustinus über die Erfahrung der Ewigkeit im Gebet und in der Kontemplation nachgedacht. Augustinus leidet an der Zeit und sehnt sich danach, an Gott Anteil zu bekommen, der jenseits der Zeit ist. Gott möge ihn – so bittet der Heilige – aus der Zeit in seine Ewigkeit nehmen. Die Erfahrung der Zeit ist für Augustinus etwas Schmerzliches. Die Zeit ist etwas Unstetes. Und Augustinus sehnt sich nach Beständigkeit, nach einem festen Halt mitten in der Unsicherheit dieser Welt. In einem Vortrag über das Johannesevangelium beschreibt Augustinus einmal eindrücklich das Unstete und Haltlose der Zeit: „In dieser Welt aber rollen die Tage dahin, die einen gehen, die anderen kommen, keiner bleibt. Auch die Augenblicke, da wir reden, verdrängen einander, und es bleibt die erste Silbe nicht stehen, damit die zweite erklingen kann. Seitdem wir reden, sind wir etwas älter geworden, und ohne Zweifel bin ich jetzt älter als heute morgen. So steht nichts still, nichts bleibt fest in der Zeit. Darum müssen wir den lieben, durch den die Zeiten geworden sind, um von der Zeit befreit und in der Ewigkeit befestigt zu werden, wo es keine Veränderlichkeit der Zeit mehr gibt." Das Gebet ist für Augustinus der Ort, an dem wir die Zeit übersteigen und Gott begegnen, der jenseits der Zeit ist. Beten bedeutet für ihn, nicht viele Worte zu machen, sondern mit der Sehnsucht in Berührung zu kommen, die in unserem Herzen wohnt. Es ist die Sehnsucht nach dem ewigen Gott. In dieser Sehnsucht übersteigen wir die Welt. In der Sehnsucht ist die Spur des Ewigen in unser Herz gegraben.

Die Sehnsucht nach der Ewigkeit ist für Augustinus letztlich Sehnsucht nach Beständigkeit, nach bleibendem Glück, nach dauernder Liebe, nach Gelingen des Lebens. In einer Zeit, in der alles im Umbruch war, sehnte sich Augustinus nach etwas Beständigem, auf das er sich verlassen konnte. Diese Sehnsucht wurde für ihn erfüllt in Jesus Christus. Von ihm sagt er: „Als die Fülle der Zeit kam, erschien auch er, der uns von der Zeit befreien wollte. Denn befreit von der Zeit, sollen wir zu jener Ewigkeit gelangen, wo keine Zeit ist." Jesus Christus ist als wahrer Mensch und wahrer Gott der, der schon mitten in der Zeit jenseits der Zeit ist. Als Christ – so meint Augustinus – bekommen wir Anteil an Christus und in ihm Anteil an der Ewigkeit. So ist Christus für Augustinus Halt in der Haltlosigkeit der Zeit, ein Fels mitten in der Brandung, Rast auf dem Weg, Ruhe in den Turbulenzen dieser Welt.

Die Sehnsucht des hl. Augustinus nach einem Halt mitten in der Haltlosigkeit einer hektischen Zeit treibt auch heute viele Menschen um. Diese Sehnsucht führt viele in Meditationsgruppen oder Kontemplationskurse. Dort nehmen sie sich Zeit, einfach still zu sitzen und nach innen zu schauen. Ich kenne viele, die an verantwortlicher Stelle arbeiten, die sich als Gegengewicht zu ihrer Arbeit täglich etwas Zeit für die Meditation nehmen. Dort erfahren sie den Freiraum, in dem sie der immer größeren Beschleunigung entzogen sind. Dort steht die Zeit still. Das gibt ihnen das Gefühl, dass sich da die verbrauchte Zeit für sie erneuert. Indem sie nach innen schauen und Zeitlosigkeit mitten in der Zeit erfahren, erleben sie eine innere Freiheit gegenüber dem, was sie in der Zeit ihres Arbeitsalltags erwartet. Erneuert aus dem Ursprung, in dem sie die heilige Zeit erfahren haben, können sie sich der schnellen Zeit ihrer Berufswelt zuwenden, ohne von ihr aufgefressen zu werden. Sie ahnen mitten in der Schnellebigkeit der Zeit den inneren Raum der Stille, in dem auch in ihnen die Zeit still steht und sie teilhaben an der Ewigkeit.

Achtsamkeit

Die Haltung der Achtsamkeit ist ein weiterer Aspekt, der wichtig ist, wenn wir danach fragen, was den Umgang mit Zeit, den das klösterliche Leben fordert und fördert, mit dem verbindet, was unser aller Umgang mit diesem wertvollen Lebensgut ist. Was von den Mönchen in der Kontemplation geübt wird, das soll tagsüber fruchtbar werden in der Übung der Achtsamkeit. Die Achtsamkeit ist die wichtigste spirituelle Haltung, nicht nur im frühen Mönchtum, sondern auch im Buddhismus, im Hinduismus und in der Sufi-Mystik. Achtsamkeit ist die Kunst, ganz im Augenblick zu sein. Ich bin ganz in dem, was ich gerade tue. Das gilt für das Schreiten. Wenn ich durch den Kreuzgang schreite, dann versuche ich nicht, an die Termine zu denken, die mich erwarten. Ich bin vielmehr ganz im Gehen. Ich nehme meine Schritte wahr. Das deutsche Wort „wahrnehmen“ kommt von „wahren = in Wahr, in Obhut nehmen“. Wahr ist die Aufmerksamkeit, die Acht, die Aufsicht. So gehören alle vier Worte eng zusammen: Achtsamkeit, Wahrnehmen, Aufmerksamkeit, Behutsamkeit. Achten heißt ursprünglich: nachdenken, überlegen. Der achtsame Mensch ist der nachdenkliche Mensch, nicht der, der immer an irgendetwas denkt, der ständig grübelt, sondern der, der die Augen aufmacht, der mit seinem Denken bei dem ist, was er tut. Aufmerken kommt von „Marke“ – eine Marke setzen, mit einem Zeichen versehen, etwas kenntlich machen und dann das Kenntlich-Gemachte beachten. Wer aufmerksam ist, der geht nicht an den Menschen oder an den Dingen vorüber. Für ihn wird alles zum Zeichen für das Eigentliche, für das Geheimnis Gottes. So hat Jesus die Dinge gesehen. Wenn er sich den wahren Weinstock nennt, dann meint er damit, dass der, der den Weinstock aufmerksam betrachtet, das Geheimnis Gottes erkennt, das in Jesus offenbar wird. Der Weinstock ist ein Bild für die enge Beziehung zwischen Christus und den Menschen, die an ihn glauben. Christus ist der Weinstock, wir sind die Reben. Wir sind mit ihm eins. Der Atem, der in uns strömt, ist seine Liebe, die uns durchdringt. Doch wenn Jesus von sich sagt, dass er die Tür ist, lädt er uns ein, aufmerksam die Tür zu betrachten. Sie ist ein wichtiges Bild für unser Leben. Nur wenn wir durch die Tür unseres Herzens eintreten, haben wir Zugang zu unserer Seele, zu unserem Inneren, in dem Gott wohnt. Die Tür wird zum Bild für unsere Selbstwerdung. Der aufmerksame Mensch sieht hinter die Dinge. Er erkennt das Wesen der Dinge. Und im Wesen leuchtet ihm Gottes Geheimnis auf.

Manche leiten das deutsche Wort „wahrnehmen“ ab von: wahr nehmen, etwas als wahr nehmen, das Wahre in die Hand nehmen. Das griechische Wort für „wahr“ ist „alethes“. Es meint eigentlich, dass ich den Schleier wegnehme, der über allem liegt, und das wahre Wesen der Dinge erkenne. Das deutsche Wort „wahr“ kommt vom lateinischen „verus“ und von der indogermanischen Wurzel „uer“ – Gunst, Freundlichkeit. Das russische Wort „vera“ heißt „Glaube“. Wahr ist also für den indogermanischen Bereich das, was freundlich und gut ist, das, woran ich glaube. Im Glauben schaue ich auf das Gute, das in allem liegt, so wie Gott nach jedem Schöpfungstag sah, dass alles gut war, was er geschaffen hatte. Wahr ist also die Wirklichkeit, wenn wir in ihr das erkennen, was Gott in sie hineingelegt hat. Wahrnehmen würde dann heißen: die Dinge als gut in die Hand nehmen, daran glauben, dass ich in allem, was ich in die Hand nehme, Gott erspüren kann.

Was mit den Worten Achtsamkeit, Aufmerksamkeit, Behutsamkeit und Wahrnehmen gemeint ist, das beschreibt Benedikt in seiner Regel mit dem Wort „custodire“ – Acht geben, wachen, bewusst wahrnehmen. Benedikt fordert die Mönche auf, jederzeit „die Taten ihres Lebens (zu) bewachen“ (RB 4,48). Sie sollen also zu jeder Stunde Acht geben auf das, was sie gerade tun. Sie sollen ganz im Tun sein, anstatt sich in die Aktivität zu flüchten. Viele arbeiten zwar viel, aber sie sind nicht bei der Arbeit. In der Arbeit fliehen sie vor der eigenen Wirklichkeit. Auch seine Zunge soll der Mönch bewachen (RB 4,51). Er soll also auf seine Worte achten. Bei manchen Menschen gewinnt man den Eindruck, dass sie einfach losreden. Für manche bedeutet Reden Flucht vor dem Schweigen. Wenn sie einem begegnen, müssen sie sofort alles Mögliche erzählen, aus Angst, es könnte ein Augenblick der Stille entstehen, in dem sie sich ihrer Wahrheit stellen müssten oder in dem sie verunsichert werden, weil sie nichts mehr in der Hand haben. Von Origines stammt der weise Spruch: „Besser einen Stein ins Leere werfen als ein Wort." Wenn wir einen Stein ins Leere werfen, dann wird er irgendwo hingelangen. Wenn wir aber ein Wort ins Leere werfen, wird die Leere von diesem Wort erfüllt. Wenn es nur ein „Wegwerf-Wort" ist, dann wird die Leere noch leerer oder aber mit Oberflächlichkeit oder gar Bosheit erfüllt werden.

„Custodire" heißt nicht kontrollieren, sondern wach sein, achtsam und aufmerksam leben, um den gegenwärtigen Gott wissen. Benedikt gründet mit seiner Betonung der Achtsamkeit in der Tradition der ägyptischen Wüstenväter. Abbas Poimen sieht in der Achtsamkeit die zentrale Übung der Askese: „Sich selber bewachen, sich prüfend betrachten und die Unterscheidungsgabe üben, das ist die seelische Askese." Über sich wachen heißt für Poimen also, die Gedanken und Gefühle zu prüfen, die in einem hochsteigen, und unterscheiden, welche mir gut tun und welche nicht, welche zu mir gehören und welche in mich eindringen, um mich aus der eigenen Mitte zu reißen.

Benedikt fordert die Mönche auf, in der Fastenzeit „ihr Leben in lauterer Reinheit zu bewahren" (RB 49,2). Reinheit des Herzens ist das Ziel aller monastischen Askese. Es meint die innere Lauterkeit, die Freiheit von aller Abhängigkeit, den inneren Frieden, die Reinheit von der Vermischung durch die Leidenschaften, die unser Denken oft trüben. Ich möchte nicht den asketischen Sinn dieser Worte bedenken, sondern ihre Auswirkung auf das benediktinische Verständnis von Zeit. Die benediktinische Askese zielt daraufhin, ganz im Augenblick zu sein. Die Reinheit des Herzens ist die Voraussetzung dafür, dass ich die Zeit wahrnehme, wie sie ist. Unsere Gedanken, die uns ständig im Kopf herumgehen, hindern uns daran, im Augenblick zu sein. Gregor der Große spricht davon, dass viele in den Räumen ihrer Phantasie spazieren gehen. Sie weichen mit ihren vielen Gedanken dem Augenblick aus. Sie sind nicht dort, wo sie sind. Ihre Gedanken haben sie irgendwohin geführt. Wer mit seinen Phantasien der Gegenwart ausweicht, wird unfähig, das Geheimnis der Zeit in jedem Augenblick zu erfahren. Die reine Zeit kann man nur mit einem reinen Herzen erleben. Unsere Zeit ist oft verschmutzt durch Hektik und Unruhe, durch das Ausweichen in tausenderlei Gedanken und Emotionen. Benediktinische Askese ist also im Kern die Kunst, recht mit der Zeit umzugehen. Genauer gesagt, sie ist die Kunst, ganz im Augenblick zu sein, sich frei zu machen von allen Überlegungen und Grübeleien, die uns entweder in die Vergangenheit oder in die Zukunft führen und uns die Gegenwart rauben.

Die benediktinische Achtsamkeit soll uns das Geheimnis der Zeit erschließen. Wer auf den Augenblick achtet, der darf immer wieder einmal erleben, wie Zeit und Ewigkeit zusammenfallen. Die Mystiker aller Zeiten haben dieses Geheimnis des Zusammenfallens von Zeit und Ewigkeit, von Himmel und Erde, von Gott und Mensch je auf ihre Weise beschrieben. Nikolaus Cusanus nennt Gott die „coincidentia oppositorum". Gott ist das Zusammenfallen aller Gegensätze. Wenn wir Gott erfahren, dann fallen in uns alle Gegensätze zusammen, auch der von Zeit von Ewigkeit. Andreas Gryphius hat diese Erfahrung in die wunderbaren Verse gekleidet:

„Mein sind die Jahre nicht, die mir die Zeit genommen;
Mein sind die Jahre nicht, die etwa möchten kommen;
Der Augenblick ist mein, und nehm ich den ich acht,
So ist der mein, der Jahr und Ewigkeit gemacht."

Wenn ich ganz im Augenblick bin, wenn ich den Augenblick in Acht nehme, in meine Obhut nehme und ihn aufmerksam wahrnehme, dann habe ich teil an dem Gott, der Zeit und Ewigkeit gemacht hat. In Gott übersteige ich die Zeit. Da bekomme ich Anteil am zeitlosen Gott. T. S. Eliot spricht vom „ruhenden Punkt der kreisenden Welt“, den wir berühren, wenn wir ganz im Augenblick sind. Es ist der Punkt, „wo sich Zeitloses schneidet mit Zeit“. Angelus Silesius, der Dichter des „Cherubinischen Wandersmanns“, hat in unübertroffener Weise dieses Paradox von Zeit und Ewigkeit beschrieben:

„Zeit ist wie Ewigkeit und Ewigkeit wie Zeit,
So du nur selber nicht machst einen Unterscheid.
Ich selbst bin Ewigkeit, wenn ich die Zeit verlasse
Und mich in Gott und Gott in mich zusammenfasse.“

Die Reinheit des Herzens, von der die Mönche sprechen, bezeichnet das Herz, das ganz und gar von Gott erfüllt ist. Wenn es von Gott voll ist, dann ist es jetzt schon in der Ewigkeit. Denn Gott ist der ewige Gott. In Gott verlasse ich die Zeit. Da berühre ich den, der über aller Zeit steht. Das relativiert meine eigene irdische Zeit. Ich muss sie nicht mehr vollstopfen. Ich muss sie auch nicht totschlagen durch viele Aktivitäten. Ich erahne das wahre Geheimnis der Zeit.

In den Versen des Angelus Silesius klingt die Erfahrung von Meister Eckhart an, der sich immer wieder mit dem Geheimnis von Zeit und Ewigkeit auseinander gesetzt hat. Auch ihm geht es wie dem hl. Benedikt um die Erfahrung von Ewigkeit inmitten dieser Zeit. Alle Seligkeit des Menschen hängt davon ab, „dass der Mensch durchschreite und hinausschreite über alle Geschaffenheit und alle Zeitlichkeit und alles Sein und eingehe in den Grund, der grundlos ist“. Wenn ich eins werde mit Gott, überschreite ich die Zeit und habe teil an der Ewigkeit. Denn Gott ist jenseits der Zeit. Gotteserfahrung ist immer Erfahrung des Zeitjenseitigen. Wenn ich in der Kontemplation mit Gott eins werde, dann hört in diesem Augenblick die Zeit für mich auf. Es gibt kein Vorher und Nachher. Es gibt nur reine Gegenwart.

Wie kann man diese Achtsamkeit mitten im Alltag einüben? Mir persönlich hilft folgende Übung: Ich gehe bewusst einmal ganz langsam durch einen Gang oder durch die Natur. Unser Novizenmeister hat uns geraten, nach dem Chorgebet langsam durch den Kreuzgang zu gehen mit der Vorstellung, dass wir das Kostbare, das wir im Gebet empfangen haben, wie in einer Schale tragen, so dass nichts davon verschüttet wird. Ich habe diese Übung mit Gästen gemacht, die an meinem Kurs über Herzensruhe teilnahmen. Wir gingen ganz langsam durch den Raum, die Hände zu einer Schale geformt. Es war erstaunlich, welche Ruhe da auf einmal im Raum entstand. Vielleicht kannst du, lieber Leser, liebe Leserin, es täglich einmal üben: ein paar Minuten oder nur ein paar Augenblicke einmal ganz langsam zu gehen, im Bewusstsein, dass du etwas Kostbares in dir trägst. In dir ist ja Christus, ein Geheimnis, das dich übersteigt. In dir ist ein Stück Ewigkeit. Trage dieses Ewige, Zeitlose, Geheimnisvolle, Kostbare ganz langsam durch den Raum oder gehe einmal ganz langsam durch den Park, so dass du in deinen Händen jeden Lufthauch spürst. Dann wirst du spüren, wie du ganz im Augenblick bist. Du wirst ruhig. Du spürst in dir etwas, das der Zeit enthoben ist, etwas Heiliges und Kostbares, über das die Zeit keine Macht hat. Du achtest auf die reine Zeit. Du erlebst die Zeit anders. Von dieser Erfahrung aus kannst du dich dann wieder der Schnelligkeit zuwenden, ohne dich von ihr bestimmen zu lassen.

Neubeginn

In der Spiritualität der Wüstenväter spielt der Gedanke des Neubeginns eine wichtige Rolle. Die Zeit lädt uns jeden Augenblick ein, neu zu beginnen. So heißt es in einem Väterspruch: „Abbas Poimen sagte über Abbas Prior, dass dieser jeden Tag einen neuen Anfang mache."

Wir kommen aus der Vergangenheit. Wir schleppen die Verletzungen unserer Lebensgeschichte mit uns herum. Wir haben in der Vergangenheit Schuld auf uns geladen. Aber wir müssen nicht um die Vergangenheit kreisen. Jeder Augenblick lädt uns ein, neu anzufangen. Es ist nie zu spät für einen Neubeginn. Die frühen Mönche sehen in jedem Augenblick den Zauber der Neuheit. Die Zeit, die jetzt anfängt, ist unverbraucht. Von dieser unberührten, unverfälschten, unverbrauchten Zeit sollen wir lernen: Auch unsere Seele kann jetzt neu anfangen. Sie kann neu werden durch den immer neuen Gott. Neuheit ist für die Bibel ein wichtiges Bild für Gott. Gott ist der immer Neue und Unverbrauchte. Wenn wir uns diesem Gott hinhalten, dann werden wir selbst neu. Dann hat das Vergangene uns nicht im Griff.

Abbas Antonius hat das auf ähnliche Weise ausgedrückt. Als ihn der Altvater Pambo fragte: „Was soll ich tun?", antwortete er: „Baue nicht auf deine eigene Gerechtigkeit und lass dich nicht ein Ding gereuen, das vorbei ist, und übe Enthaltsamkeit von der Zunge und vom Bauch" (Apo 6).

Ein Grund, warum viele Menschen nicht in der Gegenwart leben, ist das ständige Kreisen um die eigenen Fehler. Manche können sich nicht vergeben, wenn sie Schuld auf sich geladen haben. So zerfleischen sie sich mit Schuldgefühlen. Oder aber sie zerbrechen sich den Kopf darüber, warum sie damals nicht aufgepasst haben und in die Falle getappt sind.

Oder sie überlegen, ob nicht andere oder die Umstände an diesem Versagen schuld waren. Das Kreisen um die Vergangenheit hindert sie daran, im Augenblick zu sein. Antonius rät uns, das Vergangene zu lassen. Das ist keine Verdrängung. Vielmehr kommt der Rat des großen Mönchsvaters aus dem tiefen Vertrauen, dass Gott ihm schon längst vergeben hat. Wenn Gott mir meine Schuld vergibt, dann darf auch ich mir vergeben und die Vergangenheit getrost in Gottes Arme werfen. Ich kann loslassen, was war, und mich auf das Jetzt einlassen.

Einen ähnlichen Rat geben manche Mönche, wenn sie den Psalm 95 zitieren: „Heute, wenn ihr seine Stimme hört, verhärtet euer Herz nicht!“ (Ps 95,7). Der Mönch soll sich nicht um das Gestern kümmern. Heute ist immer Zeit umzukehren und das Leben neu zu beginnen. Die Mönche haben ein Gespür für das Heute Gottes. Lukas hat in seinem Evangelium siebenmal das Wirken Jesu mit dem „Heute“ verbunden. Wenn die Christen von diesem Heute hörten, dann war ihnen klar, dass Jesus Christus heute bei ihnen ist und heute an ihnen handelt. Von Abbas Poimen wird das Wort überliefert: „Eine Stimme ruft dem Menschen bis zum letzten Atemzuge zu: Heute kehre um!“ Der jetzige Augenblick ist die Gelegenheit, umzukehren, umzudenken, sich neu auf Gott hin auszurichten. Das Umdenken geschieht nicht nur einmal. In jedem Augenblick ist das Heute, in dem mir Gott begegnen möchte. Aber ich muss mich umwenden, um ihm zu begegnen. Wenn ich in mir selbst gefangen bin, werde ich Gott nicht wahrnehmen. In einem Väterspruch fragt Abbas Moses den Abbas Silvanos: „Kann denn ein Mensch täglich neu beginnen?“ Dieser antwortet: „Wenn er ein Arbeiter ist, kann er sogar stündlich neu anfangen.“

Die Mönche hatten also ein Gespür für den ständigen Neubeginn. Was sie erfahren haben, gilt aber auch allgemein und für jeden von uns: Es ist nie zu spät, neu anzufangen. Aber es ist auch jeden Augenblick notwendig, einen neuen Anfang zu setzen. Wer aus dieser spirituellen Erfahrung des ständigen Neubeginns lebt, für den bekommt die Zeit eine andere Qualität. Sie ist nicht beladen mit der Last der Vergangenheit. Sie ist nicht beschmutzt von Schuld und Versagen. Es ist die neue und unverbrauchte, die klare und reine Zeit, die Gott dem Menschen in jedem Augenblick anbietet, damit er sie ergreift und gestaltet. Mit ihrer Lehre vom Neubeginn, der in jedem Augenblick möglich ist, haben die Mönche das Wesen der Zeit verstanden. Dieses besteht in der reinen Gegenwart. In der Gegenwart vermag ich aber nur zu sein, wenn ich das Vergangene loslasse und mich nicht um die Zukunft sorge. Früher habe ich oft ein vergangenes Gespräch nochmals wiederholt und mich gefragt, was ich hätte besser machen sollen, wo ich eine falsche Antwort gegeben habe oder nicht aufmerksam genug war. Ich habe lange Zeit damit verbraucht, nachzukarten und zu fragen, was gewesen wäre, wenn... Heute weiß ich, dass das vertane Energie und Zeit ist. Wenn solche Gedanken kommen, sage ich mir: Es war so, wie es war. Und es ist gut so. Es hat keinen Zweck, das Vergangene nochmals zu wiederholen. Jetzt ist die Zeit, neu anzufangen, mich auf das einzulassen, was gerade von mir verlangt wird.

Die Mönche berücksichtigen die Mahnung Jesu: „Sorgt euch also nicht um morgen; denn der morgige Tag wird für sich selbst sorgen. Jeder Tag hat genug eigene Plage" (Mt 6,34). Jesus ermahnt uns, heute bewusst zu leben, uns weder um das Gestern zu kümmern und uns die Fehler der Vergangenheit vorzuwerfen, noch uns um das Morgen zu sorgen. Nicht die Sorge soll den Christen kennzeichnen, sondern das Vertrauen. Die Sorge ist nie im Augenblick. Sie ist immer schon in der Zukunft. Wer auf Gott vertraut, der ist frei, ganz im Augenblick zu leben und so in der Zeit schon teilzuhaben an der Ewigkeit, am ewigen Heute Gottes.

Abbas Poimen gab einem Mönch den Rat: „Lebe wie einer, der nicht existiert, und sage: Ich bin ohne Sorge. So wirst du die höchste Ruhe haben“ (Eth Coll 14,66). Ohne Sorge zu leben ist die Voraussetzung dafür, ganz im Augenblick zu sein und so innere Ruhe zu erfahren. Aber der erste Rat scheint uns paradox: Wir sollen leben wie jemand, der nicht existiert. Im Augenblick leben meint doch, wirklich leben. Doch Poimen meint damit, dass wir der Welt gestorben sein sollen, dass wir uns nicht definieren sollen von der Anerkennung der Menschen oder von Erfolg und Leistung. Wir sollen uns von Gott her definieren. Dann sind wir für die Welt tot und erst so wahrhaft frei. So bedeutet für die Mönche die Fähigkeit, im Augenblick zu leben, nicht nur eine äußere Übung, sondern das Wesen ihrer Askese. Das Ziel der Askese ist, frei zu werden von der Macht der Welt und das heißt auch: frei zu werden vom Terror der Zeit, frei zu werden für das Heute, in dem uns Gott begegnet. Einen ähnlichen Rat gibt Abbas Gregor: „Dein Werk sei rein in der Gegenwart des Herrn und frei von Prahlerei“ (Eth Pat 348). In der Gegenwart zu leben, erfordert eine innere Reinheit und Klarheit. Wer prahlt, der ist nicht im Augenblick. Er ist bei den anderen. Er tut das, was er tut, immer schon im Hinblick auf die Menschen, denen er davon erzählen könnte. So ist er unfähig, sich auf den Augenblick einzulassen. Er kommentiert alles, was er tut, anstatt sich auf sein Werk zu konzentrieren. Viele erfahren ihre Arbeit als Last, weil sie nicht frei sind von diesen inneren Prahlereien. Sie setzen sich unter Druck, damit sie sich mit ihrer Arbeit beweisen können und vor anderen gut dastehen. So sind sie immer schon gespalten. Sie sind bei der Arbeit und zugleich bei den Menschen, vor denen sie sich beweisen müssen.

Es gibt zahlreiche Worte der Altväter, die dieses Thema der reinen Gegenwart umkreisen. So rät Abbas Makarius: „Die Art der Mönche ist der der Engel gleich. Wie die Engel sich in der Gegenwart Gottes halten und keine irdische Sache sie an dieser Gegenwart hindert, so muss auch der Mönch sein ganzes Leben sein" (Am 171,3). Wie die Engel sein, bedeutet nicht, dass wir uns nicht auf diese Welt einlassen. In der Arbeit gestalten wir ja diese Welt. Aber die Welt hält uns nicht von Gottes Gegenwart fern, wenn wir wie die Engel unsere Augen auf Gott richten und in Gott verankert sind. Dann sind wir in der Zeit und doch der Zeit enthoben. Dann arbeiten wir, ohne uns über unsere Arbeit zu definieren. Diese innere Freiheit ist die Bedingung, ganz im Augenblick zu leben und unseren Blick auf das Heute Gottes zu richten. So können wir uns auf alle Aufgaben einlassen.

Die rechte Ordnung

In einem Väterspruch heißt es: „Wenn der Mensch Ordnung einhält, dann wird er nicht verwirrt" (Apo 741). Die äußere Ordnung bringt die Seele des Menschen in Ordnung. Gerade bei depressiven Menschen ist es wichtig, eine gute äußere Tagesordnung einzuhalten. Wenn die Seele von sich aus keine gesunde Struktur hat, dann hilft eine äußere Ordnung, die Seele zu formen.

Der große Mönchsvater Antonius hat das am eigenen Leib erfahren. Es heißt von ihm, dass er „einmal in verdrießlicher Stimmung und mit düsteren Gedanken in der Wüste saß". Man könnte sagen: Er wurde von depressiven Stimmungen überschwemmt. Er war in eine Depression geraten. Er war verzweifelt und fragte Gott: „Was soll ich in dieser meiner Bedrängnis tun? Wie kann ich das Heil erlangen?" Ein Engel des

Herrn belehrt ihn, was er tun soll. In dem Apophthegma heißt es: „Bald darauf erhob er sich, ging ins Freie und sah einen, der ihm glich. Er saß da und arbeitete, stand dann von der Arbeit auf und betete, setzte sich wieder und flocht an einem Seil, erhob sich dann abermals zum Beten. Und siehe, es war ein Engel des Herrn, der gesandt war, Antonios Belehrung und Sicherheit zu geben. Und er hörte den Engel sprechen: ‚Mach es so und du wirst das Heil erlangen.' Als er das hörte, wurde er von großer Freude und mit Mut erfüllt und durch solches Tun fand er Rettung" (Apo 1).

Hier wird der rechte Umgang mit der Zeit zu einem Schlüssel, der das Gefängnis der Depression aufschließen hilft. Die Einsamkeit und Eintönigkeit waren wohl schuld an der inneren Bedrängnis des Mönchsvaters. Ein Engel zeigt ihm den Weg, indem er ihm klarmacht: Wenn er eine gesunde Ordnung einhält, wenn er abwechselt zwischen Gebet und Arbeit, dann wird er Heil und Heilung erfahren. Die gute äußere Ordnung wird seiner Seele und seinem Leib gut tun.

Ich kann nicht immer nur arbeiten oder immer nur beten. Ich brauche die gute Abwechslung, um mich ganz auf die Arbeit und ganz auf das Gebet einlassen zu können. Ich spüre selbst, dass mir gerade die äußere Ordnung des Tages hilft, effektiv zu arbeiten. Die Ordnung hält mir Zeiten der Stille und des Gebetes sowie Freiräume bereit, in denen ich wieder aufatmen kann. Sie wacht darüber, dass ich nicht aus dem Gleichgewicht gerate. Eine gute Zeiteinteilung ist die Voraussetzung dafür, dass ich nicht verdrießlich und ärgerlich werde, sondern meine Arbeit aus einer inneren Freude heraus verrichte.

Zur rechten Ordnung – auch zur rechten Ordnung der Zeit – gehört das rechte Maß. Von Abbas Poimen stammt das Wort: „Es ist wie eine große Ehre, dass der Mensch sein Maß kennt"

(Eth Coll 13,97). Und ein anderer Väterspruch besagt: „Alles Übermaß ist von den Dämonen." Alles, was zu viel ist, tut der Seele nicht gut. Zu viel Beten kann genauso schädlich sein wie zu viel Arbeiten. Alles Einseitige und Extreme ruft in der menschlichen Seele das Gegenteil hervor. Wer nur betet, in dem breitet sich Langeweile aus. Oder aber er wird auf einmal mit seiner Aggression oder mit meiner Sexualität konfrontiert. Der Mensch hat teil am Himmel und an der Erde. Und er muss beiden Polen gerecht werden. Immer wenn er einen Pol verdrängt, wird dieser gegen ihn ausschlagen und ihn am Leben hindern. Viele Menschen übertreiben heute das Maß der Arbeit. Doch das bleibt nicht ohne Folgen. Wer zuviel arbeitet, der wird leicht hart. Er arbeitet nicht, weil er Lust hat, sondern weil er sich hinter der Arbeit versteckt. Arbeitssüchtige arbeiten viel. Aber es kommt wenig dabei heraus. Sie brauchen die Arbeit, weil sie den Gegenpol, die Muße, die Stille, das Gebet fürchten. Sie müssten sich ja darin ihrer eigenen Wirklichkeit stellen. So flüchten sie in die Arbeitssucht. Doch wer süchtig ist, ist unfähig, diese Welt zu gestalten. Er wird von der Welt bestimmt. Er ist nicht Herr seiner Zeit. Vielmehr hat die Zeit ihn im Griff. Sie lässt ihn nicht mehr los.

Die Mönche kennen nicht nur die äußere Ordnung, die die Seele in Ordnung bringt. Sie haben auch eine Übung entwickelt, die Gedanken zu ordnen. So heißt es vom Altvater Johannes, „dass er, wenn er von der Erntearbeit oder von einem Zusammensein mit Greisen heimkam, sich zuerst für Gebet, Betrachtung und Psalmengesang Zeit nahm, bis sein Denken wieder in die frühere Ordnung zurückgebracht war" (Apo 350). Um ganz im Augenblick sein zu können, muss ich mich verabschieden von dem, was war. Es ist erstaunlich, dass das Zusammensein mit anderen Mönchen den Altvater Johannes offensichtlich so beschäftigte, dass er unfähig war, sich ganz auf den Augenblick einzulassen. Wenn ihn schon das Gespräch mit anderen Mönchen daran hinderte, im gegenwärtigen Augenblick zu sein, dann ist es umso wichtiger für uns heute, uns immer wieder von dem zu verabschieden, was war. Die Arbeit kann unser Herz so in Beschlag nehmen, dass wir auch nach der Arbeit unfähig sind, uns dem zuzuwenden, was gerade ist. Oft wirkt eine Diskussion in mir noch so stark nach, dass ich mich nicht auf das Buch konzentrieren kann, das ich lese. Nach dem Gespräch mit einem Gast stört mich immer wieder der Gedanke, wie ich bei der Diskussion hätte reagieren sollen. Oder es wirken Verletzungen nach und erzeugen in mir Ärger, der mich blind macht für das Anliegen des Gesprächspartners. Ich verstehe also den Altvater Johannes sehr gut, wenn er erst sein Denken wieder in Ordnung bringen musste, bevor er sich dem zuwandte, was gerade anstand.

Noch schlimmer ist es, wenn es einen heftigen Konflikt gab. Der wirkt in meiner Seele nach. Durch Arbeit kann ich mich zwar ablenken. Aber immer wieder tauchen Gedanken in mir auf, die mich daran hindern, mich wirklich auf das einzulassen, was ich gerade tue. Von Abbas Johannes wird erzählt: „Als er sich einmal in der Sketis zur Kirche begab und dort hörte, wie einige Brüder sich stritten, kehrte er in sein Kellion zurück. Dreimal ging er um es herum, dann erst trat er ein. Einige Brüder, die das beobachtet hatten, aber sich nicht denken konnten, warum er das tat, kamen zu ihm und fragten. Er aber antwortete: ‚Meine Ohren waren von den Streitereien voll, ich ging deshalb herum, um sie zu reinigen, damit ich in Ruhe in mein Kellion eintreten konnte'" (Apo 340).

Häufig kommen Männer von der Arbeit nach Hause und sind innerlich noch von der Arbeit und den Auseinandersetzungen mit ihren Arbeitskollegen besetzt. So kann kein sinnvolles Gespräch mit der Frau oder den Kindern entstehen. Sie sind nicht offen für den Augenblick. Ihr Geist ist noch voll von Ärger und Enttäuschung. Und alles, was ihnen begegnet, sehen sie durch die Brille ihres Ärgers. Die harmlosesten Äußerungen der Kinder rufen Wutanfälle hervor. Auf die Fragen der Frau reagieren sie gereizt. Die Verschmutzung der Gedanken und Emotionen durch die Arbeit und die vielen frustrierenden Besprechungen setzen sich fort in der emotionalen Verschmutzung des familiären Klimas.

Wenn ich in einer solchen Situation des Ärgers bin, versuche ich, die Gedanken erst durch Gebet oder durch einen Spaziergang zu ordnen. Wir alle werden erst fähig, uns auf den nächsten Augenblick einzulassen und ganz bei den Menschen zu sein, denen wir jetzt gerade begegnen, wenn wir uns von der inneren Unordnung reinigen.

Die Mönche der frühen Zeit hatten ein Gespür dafür, dass man nicht von einem Augenblick zum anderen einfach so übergehen kann. Noch immer gilt: Jede Zeit braucht ihre eigene Achtsamkeit. Ich muss mich erst vom Vergangenen verabschieden, um mich auf das Gegenwärtige einzulassen. Von Abbas Poimen wird erzählt: „Wenn er in die gottesdienstliche Versammlung gehen wollte, dann setzte er sich zuerst für sich allein und untersuchte seine Gedanken, etwa eine Stunde. Und so ging er dann weg" (Apo 606).

Auch mir geht es so: Ich kann nicht von der Arbeit in den Gottesdienst hetzen. Ich muss erst die Arbeit loslassen. Ich habe keine Zeit, eine Stunde lang meine Gedanken in Ordnung zu bringen. Aber ich spüre, dass ich nicht von einer Zeit in die andere stürzen kann. Die Gedanken hindern mich, mich auf den Augenblick einzulassen. Daher muss ich sie immer wieder ordnen. Wenn ich mich – wo es irgend geht – nach der Arbeit erst einmal zehn Minuten aufs Bett lege und erst dann zur Vesper gehe, dann hängt das damit und mit der Erfahrung zusammen: Im Liegen kann ich all das loslassen, was mich beschäftigt. Danach kann ich mich viel bewusster auf das Psalmensingen bei der Vesper einlassen. Wenn ich von einem Gespräch sofort in die Vesper gehe, bin ich oft nicht wirklich anwesend. Nicht selten fehlt mir die Zeit, mich zehn Minuten hinzulegen. Aber zumindest die Statio, in der wir ein paar Minuten schweigend im Kreuzgang stehen, bevor wir gemeinsam einziehen, hilft mir dann, das Vergangene loszulassen und bewusst in die Kirche zu schreiten, um mich Gott hinzuhalten. So rate ich jedem, der mir von seiner Hektik und Unruhe erzählt, die einzelnen Tätigkeiten erst gut abzuschließen, bevor er neue beginnt. Es braucht eine kurze Zäsur, in der er das loslassen kann, was gerade war. Manchmal genügt es, den Gang vom Büro zum Besprechungsraum zu nutzen, das Alte loszulassen und mich ganz auf das einzulassen, was jetzt ansteht. Es braucht Übung, bis wir ganz präsent sind. Doch wir brauchen nicht künstliche Übungsformen. Es genügt, wenn ich das, was ich tue – gehen, stehen, sitzen – als Übungsweg nehme, Vergangenes loszulassen, um mich im Gehen „freizugehen“ von dem, was war, um dann zu sitzen, wo ich sitze, und zu stehen, wo ich stehe, und mich auf den Menschen einzulassen, der gerade vor mir steht.

7.
Vom heilsamen Umgang mit der Zeit im Alltag der Welt

Die Männer und Frauen, die bei uns im Gästehaus einige Tage mitleben, konnten manches, was sie bei uns erlebt haben, mit nach Hause nehmen. Natürlich lebt jeder in einer anderen beruflichen und familiären Situation. Ich möchte versuchen, ein paar Anregungen zum Umgang mit der Zeit zu geben, die vielleicht im Alltag helfen können. Ich stelle mir Situationen vor, wie sie mir immer wieder Menschen erzählen, die in einer verantwortlichen Stellung tätig sind. Nicht alle Situationen werden auf jeden zutreffen. Aber vielleicht lassen sich trotzdem Anregungen für deinen Alltag daraus ziehen. Wer versuchen wollte, das Leben der Mönche zu kopieren, würde sich überfordern. Sich auszusöhnen mit dem Leben, wie jeder es führt, ist wichtig. Aber dennoch lässt sich einiges von der Erfahrung der Mönche in ein Leben mitten im Alltag der Welt übertragen.

Kluge Tagesordnung

Viele klagen, dass sie keine Zeit zum Beten finden, dass die Erwartungen von außen immer größer werden und ihnen die Zeit zwischen den Fingern zerrinnt. Die erste Aufgabe wäre, den Tag einmal genau unter die Lupe zu nehmen:

Ist meine Tagesordnung wirklich ausgeglichen?

Habe ich genügend Zeit für Stille und Gebet, für das Gespräch mit meiner Familie oder mit meinen Freunden?

Nehme ich mir Zeit für die Mahlzeiten oder schlinge ich alles nur herunter?

Dehne ich die Arbeitszeit immer mehr aus?

Stopfe ich zuviel in die Zeit hinein, die mir zu Hause bleibt?

Ist meine Zeit gut organisiert oder lasse ich mich von einem zum andern treiben?

Gibt es neben der Zeit, in der ich effektiv arbeite, auch bewusste Zeiten für Langsamkeit, für einfaches Dasein?

Mein Rat ist: Setze dir eine klare und zugleich kluge Tagesordnung. Es hat wenig Sinn, dir im Anfangseifer zu viel vorzunehmen, etwa ganz früh aufzustehen, obwohl du inneren Widerstand dagegen spürst. Aber überlege dir, wann für dich eine vernünftige Zeit ist aufzustehen. Wenn der Wecker klingelt, dann stehe sofort auf. Nimm dir genügend Zeit zwischen Aufstehen und Abfahrt zur Arbeit. Genieße diese Zeit des Waschens, Anziehens und Frühstückens. Sie ist ein Freiraum, den dir jeder Tag schenkt, ein Raum zum Atemholen. Wenn du zur Arbeit fährst, dann überlege kurz, was du heute in Angriff nehmen möchtest oder was dich an Aufgaben erwartet. Stelle dich innerlich darauf ein und bitte Gott um seinen Segen. Wenn du es einrichten kannst, dann wäre eine stille Zeit ein guter Tagesbeginn. Manche lesen die Losung und denken darüber nach. Andere setzen sich einfach schweigend vor Gott, um in ihre innere Mitte zu kommen. Andere lesen die Bibel oder in einem anderen Buch eine Seite, die sie durch den kommenden Tag begleiten soll. All diese Formen haben den Sinn, den Menschen dem Terror der Zeit zu entziehen und der Zeit einen anderen Geschmack zu verleihen. Ich gehe mit anderen Gedanken in den Tag. Auch wenn ich tagsüber kaum an das denke, was ich gelesen habe, so bin ich doch in diesen zehn Minuten in eine andere Welt eingetaucht. Und diese Welt gibt der Welt der Arbeit ein anderes Vorzeichen und eine andere Qualität.

Die Verhaltenspsychologie sagt, es sei nicht eine Frage der Willensstärke, sondern der Klugheit, ob ich einen Vorsatz ausführe oder nicht. Wenn ich mir täglich eine stille Zeit vornehme, sie aber jedes Mal verpasse, dann hat es wenig Sinn, mir vorzuwerfen, dass ich schon wieder zu schwach war, die Zeit einzuhalten. Vielmehr sollte ich mich fragen, warum das so ist. Offensichtlich war ich nicht klug genug. Ich habe meine Trägheit nicht beachtet. Es ist klüger, sich weniger vorzunehmen und das dann auch einzuhalten, als immer wieder mit schlechtem Gewissen seinen nicht eingehaltenen Vorsätzen nachzulaufen. Die Ordnung muss für mich passen. Und dazu bedarf es der Klugheit. Ich muss klug einschätzen, was für mich realistisch ist, was mir gut tut und worauf ich mich täglich freuen kann. Wenn sich in mir immer wieder Widerstand regt gegen einen Vorsatz, so muss ich den Widerstand ernst nehmen. Vielleicht ist es nicht meine Art, den Tag zu beginnen, und ich muss nach der mir angemessenen Art erst noch suchen. Vielleicht habe ich mir etwas übergestülpt, was mehr meinem Ehrgeiz entspringt als dem Rhythmus meiner Seele.

„Zeitmanagement" ist nicht das, was ich empfehle. Darüber gibt es genügend Bücher. Doch in vielen dieser Zeitratgeberbücher geht es darum, die Zeit möglichst effektiv zu nutzen. Mir geht es darum, die Zeit anders zu erleben, sie als Wohltat zu erfahren. Das gelingt mir nicht, wenn ich die Zeit möglichst genau einteile und ausnutze, sondern eher, wenn ich versuche, ganz im Augenblick zu sein. Ob du dich gestresst fühlst oder nicht, ist deine Sache. Wenn du dich nur auf den Augenblick konzentrierst, dann stehst du nicht unter dem

Druck der vielen Termine. Du erledigst jetzt sowieso nur das, womit du gerade beschäftigt bist. Also brauchst du erst dann an das Nächstanstehende zu denken, wenn du fertig bist mit dem, was du gerade tust. Es ist wichtig, dass du dich manchmal beobachtest, wie und wann Druck in dir hochsteigt. Dann lass den Druck los und konzentriere dich nur auf den jetzigen Augenblick. Das genügt. Wenn du das effektiv tust, was gerade ansteht, dann hast du genügend Zeit für das, was danach kommt.

Überlege dir, wann du die Arbeit beenden kannst und willst. Viele klagen darüber, dass sie zu spät aus der Firma kommen, weil noch so viel zu tun ist. Die amerikanische Soziologin Arlie Russel Hochschild hat in vielen Gesprächen mit Angestellten eines amerikanischen Konzerns herausgefunden, dass die Leute länger in der Arbeit bleiben, als es die Firma von ihnen erwartet: „Die Menschen wollen in der Arbeit sein, weil es ihnen dort besser geht als zu Hause." In der Arbeit fühlen sich viele kompetent. Da werden sie anerkannt. Doch daheim wissen sie nicht, wie sie mit dem pubertierenden Sohn oder der revoltierenden Tochter zurechtkommen sollen. Vor allem Männer erleben das Zuhause oft als Belastung. Da müssen sie sich den oft unklaren und schwierigen Beziehungen zur Frau, zu den Kindern, zu den Schwiegereltern stellen. So weichen sie lieber in die Arbeit aus. Zu Hause fühlen sie sich angestrengter als in ihrem Job. In der Befragung gaben viele an, dass sie sich um eine gute „Work-Life-Balance" bemühen. Doch sie gelingt ihnen nicht. Manche führen dann eine „Quality Time" ein, eine halbe Stunde am Abend, in der sie sich ausschließlich mit den Kindern beschäftigen. Doch die Kinder wollen keine knapp bemessene Zeit. Sie wollen immer geliebt werden und nicht nur in der halben Stunde, die die Eltern für sie reservieren. So haben viele Eltern das Gefühl, in der Zeitfalle zu stecken und nicht mehr herauszukommen. Arlie Russel Hochschild hat jedoch den Eindruck, dass auch viele Kinder schon in der Zeitfalle sitzen. Vor lauter Sonderterminen ist auch ihre freie Zeit knapp bemessen.

Wenn du das Gefühl hast, selbst in dieser Zeitfalle zu stecken, kannst du ihr nur auf eine Weise entgehen: Du musst dir selber klare Vorgaben machen, wann du aus der Arbeit nach Hause kommst und wie du den Abend verbringen möchtest. Wenn du daheim bist, dann stopfe die freie Zeit nicht mit zu viel Aktivitäten zu. Sonst wirst du die Hektik fortsetzen, die dich in der Arbeit schon ermüdet hat. Gestalte deinen Feierabend so, dass du dich darauf freuen kannst. Vermutlich wirst du während der Woche auch abends ein paar Termine haben, einen Chor-, Kegel-, Schwimm-, Konzertabend oder was auch immer. Wenn du unter dem Zuviel an Arbeit stöhnst, dann frage dich, ob diese abendlichen Termine dir noch gut tun, ob du dich darauf freuen kannst oder ob du dir aus Rücksicht auf andere zu viel zugemutet hast. Da wäre von Zeit zu Zeit eine Entrümpelung sinnvoll.

Wie du die Zeit mit deinen Kindern erlebst, ob als Stress oder als Entspannung, das liegt auch an dir. Es liegt nicht nur an der Menge der Zeit, die dir zur Verfügung steht, sondern auch an deiner Einstellung. Wenn du dich auf deine Kinder freust, wirst du die Zeit mit ihnen als Erholung empfinden. Allerdings musst du dich auch von deinen Idealvorstellungen verabschieden. Wenn du glaubst, die Kinder würden sich auf den Vater oder die Mutter freuen, dann bist du schnell enttäuscht, wenn sie heute schwierig, unausgeglichen und ärgerlich sind, wenn sie unsinnige Forderungen stellen oder sich auf irgendwelche Nebensächlichkeiten versteifen. Du kannst den Kindern nur gerecht werden, wenn du dich innerlich auf sie einstellst und nicht nur die Zeit der Arbeit hinter dir lässt, sondern auch deine Rolle, die du in der Firma spielst. In der

Familie bist du nicht als Chef, als Facharbeiter oder Fachfrau gefragt, sondern als Vater oder Mutter.

Setze dir auch eine feste Zeit, zu der du ins Bett gehen willst. Manche kommen abends einfach nicht ins Bett. Sie meinen, sie müssten noch dies oder jenes erledigen. Oder aber sie setzen sich vor den Fernseher, weil sie zu müde sind, etwas Sinnvolles zu tun. Aber dann bleiben sie länger sitzen, als ihnen gut tut. Am nächsten Tag ärgern sie sich darüber, dass sie wieder so viel Zeit vergeudet haben. Da ist es gut, eine feste Zeit zu haben, zu der du schlafen gehst. Es geht nicht darum, dich in einen Zeitplan einzuzwängen. Es geht darum, durch eine kluge Tagesordnung Freiräume zu schaffen, in denen du die Zeit genießen oder eben das tun kannst, was dir Spaß macht. Statistiker haben herausgefunden, dass der normale Durchschnittsbürger in Deutschland täglich drei Stunden vor dem Fernseher verbringt. Wenn man diese Zeit sinnvoller nützen würde, würde wohl kaum einer mehr über Zeitmangel schimpfen. Drei Stunden täglich sinnvoller zu nutzen als vor dem Fernseher zu sitzen, das würde unserem Zeitempfinden eine ganz andere Qualität geben. Außer im Urlaub sehe ich nie fern. Daher habe ich genügend Zeit zum Lesen und Schreiben.

Wichtige Zeitoasen sind die Wochenenden. Aber auch da haben viele ihre Zeit so vollgestopft mit Aktivitäten, dass sie sich nicht von der Woche erholen können. Die Gestaltung der Wochenenden ändert sich je nach Jahreszeit und Wetter und je nach der familiären Situation. Und sie ist abhängig von den persönlichen Bedürfnissen, die sich im Laufe der Zeit ebenfalls wandeln. Auch da braucht es immer wieder einmal eine Überlegung, ob die Wochenenden so für mich noch stimmen. Wonach sehnt sich meine Seele und was braucht mein Leib? Der Sonntag sollte etwas von der Qualität des jüdischen Sabbats haben, den Gott dem Menschen geschenkt hat, damit er die Ruhe genieße. Muße und Ruhe waren für die Griechen heilige Zeiten. Der freie Mensch genießt die Muße. Sein Geist öffnet sich für das Eigentliche des Lebens, für Religion und Philosophie und Kunst. Der sonntägliche Kirchgang ist eine Einübung in diese Kunst der Muße. Der Gottesdienst eröffnet einen Raum zum Atemholen, in dem man die verbrauchte Luft der Woche ausatmet und den Geist Gottes neu einatmet, damit die Seele wieder erfrischt wird. Der Sonntag soll ein Tag sein, an dem du das tust, was deiner Seele gut tut. Für den einen ist es eine Wanderung, für den anderen Sport, für wieder einen anderen die Gelegenheit zum Nachdenken oder zum Gespräch. Vielleicht ist es auch nur mal die Zeit zum Lesen. Im Lesen tauchst du in eine andere Welt ein. Da tritt das Bedrängende deiner Arbeitswelt zurück. Es ist keine Flucht vor deiner Wirklichkeit, sondern ein Eintauchen in eine andere Wirklichkeit, wo auch eine andere Zeit herrscht. Sie gibt deiner schnellen Zeit eine andere Qualität.

Zum Sonntag gesellen sich die Feste. Für manche sind die Feste nur noch freie Tage, die sie mit Ausflügen verplanen. Aber sie haben keinen Sinn mehr für das Fest selbst. Am Fest bricht die Ewigkeit in unsere Zeit ein. Da kommen wir in Berührung mit den Wurzeln unseres Lebens. Da haben wir teil an der heiligen Zeit, an der ursprünglichen Zeit. In der Kirchengeschichte verstand man die Feste als Erneuerung der Zeit aus dem Ursprung heraus. Die Feste bringen Farbe in unser Leben. Sie öffnen unsere Seele, damit sie sich an den Quellen des göttlichen Lebens erfrischen kann. Und sie zeigen uns, dass die Zeit nicht nur dazu da ist, ausgenutzt zu werden, sondern gefeiert und genossen zu werden. Die Zeit des Festes ist eine freie Zeit, in der ich aufatmen kann.

Heilsame Rituale

In den letzten Jahren hat die Psychotherapie die heilende Wirkung von Ritualen neu entdeckt. Ritus ist das Abgezählte, Angemessene. Riten spiegeln die von den Göttern festgesetzte Ordnung wider. Sie sind heiliger Brauch. Sie strukturieren den Tag und geben dem Leben einen angemessenen Rhythmus. Es gibt die vorgegebenen Rituale, etwa der Religion. Die Kirche hat sehr viele Rituale aus anderen Religionen übernommen und mit christlichen Inhalten gefüllt. Auch das Mönchtum hat Rituale aus anderen Kulturen übernommen und sie in die Gestaltung des monastischen Lebens eingebaut. Es kennt die gemeinsamen Rituale, etwa wie die Gemeinschaft eine Mahlzeit beginnt oder ein wichtiges Werk in Angriff nimmt. Und es gibt zahlreiche persönliche Rituale, teilweise Rituale, die der Mönchstradition entstammen, teilweise auch Rituale, die jeder Mönch für sich persönlich entwickelt und in denen er sich dann zuhause fühlt.

Viele Menschen, die mitten in der Welt stehen, haben heute für sich die heilende Wirkung von Ritualen neu entdeckt. Sie spüren, dass sie gegen die vielen Erwartungen von außen ein Gegengewicht brauchen. Das sind die Rituale.

Rituale sind ein Freiraum, den ich mir schaffe. Sie gehören mir. Es sind Augenblicke, in denen ich ganz bei mir bin und möglicherweise ganz bei Gott. Sie sind Tabuzonen, ein Schutzraum, zu dem die Menschen mit ihren Erwartungen keinen Zutritt haben. Sie geben mir das Gefühl, dass ich selbst lebe, anstatt gelebt zu werden. Wenn ich immer nur auf Erwartungen reagiere, werde ich irgendwann unzufrieden. Ich habe das Gefühl, von außen bestimmt zu werden. Rituale sind die Möglichkeit, mein Leben selbst zu formen und zu gestalten.

Es ist mein eigenes Leben. Ich habe Lust, es so zu gestalten, dass es meinem innersten Wesen entspricht.

Die Rituale brauchen nicht viel Zeit. Ich kann die alltäglichen Abläufe zu einem Ritual formen, etwa das Aufstehen, das Waschen, das Frühstücken, den Gang zur Arbeit. Wenn ich diese normalen Tätigkeiten zu einem Ritual mache, dann machen sie mir Spaß, dann lebe ich darin. Die Rituale werden zu Haltepunkten in der Zeit. Während des Rituals steht die Zeit still. Da hört die Zweckbestimmung der Zeit auf. Ich gönne mir das Ritual. Ich komme mit mir in Berührung. Ich kann aufatmen.

Rituale sind immer etwas Handfestes. Ich nehme etwas in die Hand. Ich zünde eine Kerze an. Ich mache eine Gebärde. Ich setze mich hin, um ein Buch zu lesen. Oder ich schweige einige Augenblicke. Ich meditiere. Die Rituale geben mir das Gefühl, dass die Zeit mir gehört. Sie geben am Morgen dem Tag ein anderes Gepräge. Ich spüre nicht die Last der Zeit, sondern ihr Geheimnis. In dieser begrenzten Zeit grabe ich heute meine persönliche Lebensspur in diese Welt ein. Ich gestalte die Zeit mit. Nicht die Zeit überfällt und bestimmt mich, sondern ich forme und präge sie. Ich nehme mir ein Stück Zeit, um dem Terror der mich aussaugenden Zeitansprüche zu entrinnen. Auch wenn ich das Gefühl habe, dass die Zeit mich tagsüber im Griff hat, das Abendritual gibt mir die Zeit wieder zurück. Wenn ich abends mit der Gebärde der offenen Hände meinen Tag Gott übergebe, bekommt der Tag für mich ein anderes Gepräge. Die Zeit ist mir nicht zwischen den Fingern zerronnen. Ich übergebe diesen begrenzten Zeitraum des vergangenen Tages Gott mit allem, was war, auch mit den unbewusst gelebten Zeitabschnitten, auch mit der verlorenen Zeit. Und dadurch wird es wieder mein Tag. Es war kein verlorener Tag. Vor Gott bekommt er seine Ganzheit wieder. Ich schließe diesen Tag ab, auch wenn er noch so chaotisch war. Indem ich den Tag abschließe und mich von ihm verabschiede, werde ich fähig, den neuen Tag in seiner Neuheit zu erleben.

Rituale schließen eine Tür und öffnen eine Tür. Die Tür des vergangenen Tages, die Tür der Arbeit und ihrer Mühen, schließt sich. Und es öffnet sich die Tür der Nacht, in der ich mich in Gottes Hände fallen lassen kann. Durch diese Tür trete ich dann ein in den Raum des neuen Tages. Ich stolpere nicht von einem Tag in den anderen, sondern ich schließe die Tür der Vergangenheit, um ganz im Raum der Gegenwart zu sein. Rituale sind Abschied und Neubeginn. Nur wenn unsere Zeit die Qualität des Abschiednehmens und Neubeginnens hat, wird es erfüllte Zeit. Ohne Abschied und Neubeginn wird die Zeit langweilig. Sie wird immer gleich. Es löst sich nichts. Ohne Abschied schleppe ich die Vergangenheit immer noch mit mir herum. Und irgendwann wird die Last zu groß. Die Zeit erneuert sich, wenn ich vom Vergangenen Abschied nehme, um das unberührte Neue zu beginnen. Viele Menschen haben heute Angst vor Abschied und Neubeginn. Denn Abschied ist immer mit emotionalem Aufwand verbunden. Doch wer diesen emotionalen Aufwand meidet, der zahlt einen hohen Preis: den Preis ständiger Betriebsamkeit. Der Abschied beschließt etwas. Nur so sind meine Emotionen frei für das Neue, um es mit neuer Energie zu beginnen. Karlheinz A. Geißler spricht von der „endlosen Beginnlosigkeit" und vom „Fetisch des Non-Stop". Ohne Anfang und Ende „werden wir zu unfreiwilligen Passagieren eines Kettenkarussels, das sich schneller und schneller dreht und das uns den Ausstieg – und anderen den Einstieg – unmöglich macht". Rituale gestalten den Abschied und den Neubeginn. So bringen sie eine Ordnung in unsere Zeit und schützen uns vor immer größerer

Beschleunigung. Sie befähigen mich, wirklich anzufangen und aufzuhören. Unsere Zeit hat es verlernt, einen bewussten Anfang zu setzen und auch das Ende klar zu formen. Rituale sind die Kunst, den Anfang und das Ende zu gestalten.

Rituale sind heilige Zeiten, Zeiten, die mir heilig sind, aber auch Zeiten, die das Heilige gegenwärtig setzen können. Heilig ist das, was der Welt entzogen ist. Die heilige Zeit ist der weltlichen Zeit entzogen. Sie ist ein Freiraum, ein heiliger Raum, in dem meine Seele heil werden kann. Ich brauche tagsüber immer wieder solche kurzen heiligen Zeiten, um die Freiheit gegenüber dem Terror der Zeit zu erleben. Solche Freiräume lassen meine Seele atmen. In dieser Freiheit kann ich mich dann wieder bewusster auf die Arbeit und auf die Menschen einlassen, mit denen ich heute zu tun habe.

Im Augenblick sein

Was die Mönche zum Thema Achtsamkeit geschrieben und geübt haben, das ist durchaus auch für den Umgang mit der Zeit mitten in den Turbulenzen des weltlichen Alltags hilfreich. Gerade für Menschen, deren Tag so voller Arbeit ist, dass sie kaum Zeit finden für eine Meditation oder ein längeres Ritual, bleibt immer noch der Weg, ganz im Augenblick zu sein. Um das zu üben, brauche ich keine eigene Zeit. Ich muss nur ganz bewusst einen Schritt vor den anderen setzen. Wenn ich die Tür zum Büro aufmache, dann gibt es nichts Wichtigeres als dieses. Ich nehme wahr, was ich tue. Ich betrete mein Büro. Ich setze mich an den Schreibtisch. Ich nehme die Dinge in die Hand, schalte den PC ein und erledige eins nach dem anderen. Das heißt nicht, dass ich alles langsam tue. Ich achte nur darauf, dass ich mich nicht in eine

Hektik treiben lasse. Aber wenn ich eins nach dem anderen erledige, werde ich von selbst schnell und effektiv arbeiten. Es ist ein Unterschied, ob ich mich zur Schnelligkeit zwinge und mich damit überfordere oder aber ob ich ganz in dem bin, was ich gerade schreibe. Wenn ich nicht abschweife mit meinen Gedanken, sondern mich gerade auf diesen Brief oder dieses Antwortschreiben einlasse, dann geht es leicht von der Hand. Die Schnelligkeit hängt nicht von äußeren Manipulationen ab, sondern von der Fähigkeit, ganz im Augenblick zu sein. Wenn ich nicht gestört werde durch irgendwelche Überlegungen, dann kann ich den Brief ziemlich schnell schreiben. Wenn ich mich den Finanzen zuwende und die Konten überfliege, dann kann ich lange überlegen, welche Entscheidungen die besten sind. Ich zögere, bis ich mich entscheide. Wenn ich jedoch ganz im Augenblick bin, kann ich mich viel schneller entscheiden. Ich traue dem inneren Gefühl, ohne mir den Kopf zu zerbrechen, welche Folgen meine Überlegungen nach sich ziehen. Die schnelle Entscheidung ist für mich nicht nur Temperamentssache, sondern auch eine Frage der Spiritualität. Wenn ich etwas unter diesem Vorzeichen angehe, befreit mich das von ängstlichen Überlegungen, ob ich auch alles richtig mache oder ob die anderen mit mir zufrieden sind. Mit solchen Überlegungen verlieren wir normalerweise sehr viel Zeit. Ich habe eine Frau begleitet, die sehr langsam gearbeitet hat und daher immer in Schwierigkeiten kam mit ihrem Arbeitgeber. Sie war willig und auch zäh. Trotzdem ging es ihr nicht von der Hand. Der Grund waren innere Zwänge. Sie grübelte nach, was die anderen von ihr dachten, ob sie ihre sexuellen und aggressiven Phantasien wahrnehmen würden. Sie verbrauchte viel Energie mit solchen Grübeleien. Diese fehlte ihr bei der Arbeit. Die innere Klarheit, zu der mich der spirituelle Weg der Selbsterkenntnis und der Meditation führen möchte, ist eine wesentliche

Voraussetzung dafür, effektiv und auch in einer gesunden Schnelligkeit zu arbeiten, ohne dass ich hektisch werde und den Überblick verliere.

Schnelligkeit ist etwas anderes als Hektik. Viele Männer und Frauen verwechseln Arbeiten mit Staubaufwirbeln. Sie machen ständig einen gestressten Eindruck. Aber es kommt nichts bei dem heraus, was sie in Angriff nehmen. Von ihnen gilt, was Georg Christoph Lichtenberg festgestellt hat: „Die Leute, die niemals Zeit haben, tun am wenigsten." Sie sind hektisch und gehetzt, weil sie nicht bei sich sind und nicht bei der Sache bleiben. Sie sind in sich zerrissen. Daher ist eine wesentliche Voraussetzung für einen guten Umgang mit der Zeit, innerlich klar zu werden, ohne Nebenabsichten, ohne ängstliches Schielen auf die anderen, ohne den Druck, mich vor anderen beweisen oder auf jeden Fall Fehler vermeiden zu müssen.

Anfangen und Aufhören

Ich habe schon davon gesprochen: Ich spüre, wie ich manchmal aggressiv werde, wenn bei einer Sitzung der Anfang ständig hinausgeschoben wird. Ich komme zum vereinbarten Termin. Aber es geschieht nichts. Man unterhält sich oberflächlich. Aber man macht keine Anstalten, das ausgeschriebene Programm anzugehen. Man steht herum. Mein innerer Fahrplan wird über den Haufen geworfen. Ich spüre, dass für das Eigentliche keine Zeit mehr bleiben wird, dass die Sitzung länger dauern wird als vereinbart. Wenn ich so etwas wahrnehme, schwindet meine Motivation, mich voll einzusetzen. Oder ich kenne Menschen, die lieber über die Arbeit reden, als endlich damit anzufangen. Nicht nur, dass dabei viel Zeit verloren geht – mit dem Herumstehen und Problematisieren vergeuden sie auch ihre Energie. Die fehlt ihnen dann, um das effektiv zu tun, worüber sie reden. Im Anfang liegt eine große Kraft. Wenn ich die Dinge anpacke und entschieden anfange, dann geht es mir auch von der Hand. Wenn ich aber unangenehme Arbeiten vor mir herschiebe, kostet das Aufschieben oft mehr Energie als das Erledigen. Es ist immer eine Schwelle, über die ich treten muss, um etwas anzufangen. Aber sobald ich die Schwelle überschritten habe, macht mir die Arbeit Spaß. Es geht nicht darum, einfach blindlings anzufangen, nur damit etwas getan ist. Ich muss natürlich planen. Aber sobald der Plan klar ist, braucht es auch den beherzten Anfang.

Auch das andere gibt es: Menschen, die nie aufhören können. Bei Sitzungen gibt es Gesprächspartner, die kein Ende finden. Sie reden und reden und reden. Anstatt sich kurz zu fassen und klar zu sagen, was sie wollen, hören sie nicht auf zu reden. Ich verstehe oft gar nicht mehr, was sie sagen möchten. Und wenn das Gespräch längst weiter ist, kommen sie immer wieder auf die alten Probleme zurück. Solche Sitzungen nehmen kein Ende. Es gibt auch Telefonierer, die kein Ende finden. Ich spüre auch, wie ich oft innerlich aggressiv werde, wenn mitten in der Arbeit Menschen anrufen, die gar nicht wissen, was sie eigentlich sagen möchten. Aber obwohl sie wenig zu sagen haben, hören sie nicht auf zu reden. Ich versuche dann, freundlich aber bestimmt das Gespräch zu beenden. Für mich ist das Telefonieren nicht der Höhepunkt der Kommunikation.

Andere können nicht aufbrechen, wenn sie einmal zusammen sitzen und feiern. Ich spüre dann auch, wie es für mich unangenehm wird. Nicht umsonst gibt es das Sprichwort, man solle aufhören, wenn es gerade am schönsten ist. Ich habe lange Zeit nach den Jugendkursen Nachbesprechungen gehalten. Wir waren schon alle geschafft, weil wir während der Kurse in der Regel sehr wenig geschlafen haben. Für mich war es immer wichtig, die Nachbesprechungen auf zwei Stunden zu beschränken. Wenn es doch einmal länger dauerte, stieg meist der Aggressionspegel. Und es gab Sitzungen, in denen wir all die positiven Erfahrungen während des Kurses zunichte machten, nur weil wir mit unserer Besprechung nicht aufhören konnten. Wenn ich Kurse halte, ist es für mich wichtig, pünktlich anzufangen, aber auch die Dauer der Einheiten zu begrenzen. Wo Gruppen nicht aufhören können, schlägt die positive Stimmung sehr schnell um.

Es gibt auch Menschen, die abends nicht aufhören können zu arbeiten. Sie meinen, sie müssten noch vieles erledigen. Sie tun zwar dann noch viel. Aber sie sind dabei wenig effektiv. Für mich ist es wichtig, abends pünktlich aufzuhören und rechtzeitig ins Bett zu gehen. Das schützt mich nicht nur vor Überforderung, sondern ermöglicht mir auch, effektiv und viel zu arbeiten. In Gesprächen erfahre ich von vielen, dass sie abends einfach nicht ins Bett kommen. Gerade Hausfrauen, die berufstätig sind, meinen, sie müssten noch Tausenderlei erledigen. Natürlich gibt es im Haushalt immer etwas zu tun. Aber wenn ich mich nicht selbst begrenze und den Zeitpunkt festlege, an dem ich aufhöre, werde ich nie das Gefühl haben, selbst zu leben. Ich werde gelebt von den vielen Aufgaben, die auf mich einströmen. Ich muss die Zeit begrenzen, damit es meine Zeit bleibt. Sonst werde ich zum Sklaven der Zeit und komme nie zu einem Ende.

Wenn ich mit solchen Menschen spreche, die abends nie ins Bett kommen, weil sie immer noch etwas zu tun haben, dann entdecke ich oft, dass es andere Gründe dafür gibt als die

Arbeit. Manchmal ist es ihr Lebensmuster, sich immer unter Druck zu setzen oder alles perfekt zu machen. Oder es ist das schlechte Gewissen, das sie antreibt, immer noch mehr zu tun. Manchmal sind es auch innere unerledigte Probleme. Anstatt sie in der Stille einmal anzuschauen und sich mit ihnen auszusöhnen, erledigen sie lieber das Vordergründige, um das Tiefere in ihrer Seele unerledigt lassen zu können. Der Umgang mit der Zeit ist nie nur reine Willenssache. Wenn ich chaotisch mit meiner Zeit umgehe, hat es meistens tiefere Ursachen. Daher ist es sinnvoll, meinen Umgang mit der Zeit in der Gewissenserforschung zu betrachten. Es geht dabei nicht um ein schlechtes Gewissen und auch nicht darum, dass ich es besser machen sollte. Es geht vielmehr darum, zu entdecken, warum ich es nicht fertig bringe, meine Zeit so zu gestalten, wie ich es gerne möchte. Alles Äußere hat eine innere Ursache. Mir die Zeit zu nehmen, meinen Umgang mit der Zeit zu reflektieren, ist also letztlich effektiver, als bloß oberflächlich dagegen anzukämpfen und nur mit Zeitdisziplin zu reagieren. Die Disziplin wird nichts nützen, wenn sie nicht verbunden wird mit einer ehrlichen Selbsterkenntnis. Disziplin kommt von „dis-capere“: in die Hand nehmen. Ich kann nur das in die Hand nehmen, was ich kenne.

Eins nach dem anderen

Eine Untugend unserer Zeit ist, alles gleichzeitig tun zu wollen. Während wir telefonieren, erledigen wir die Akten, die vor uns liegen. Oder wir bügeln die Hemden und sehen zugleich fern. Karlheinz A. Geißler nennt den Menschen, der beim Autofahren telefoniert und beim Frühstück Börsengeschäfte erledigt, den „Simultanten“. „Simul“ heißt gleichzeitig. Der Simultant macht alles gleichzeitig, anstatt eins nach dem anderen zu erledigen. Unsere Kultur lädt uns heute dazu ein, alles gleichzeitig zu erledigen. Da hören junge Menschen während der Busfahrt ihre Lieblingsmusik und verschicken nebenbei noch SMS an Freunde. Die städtischen Verkehrsbetriebe stellen „intelligente Wartehäuschen" auf, damit die Leute ihr „nutzloses" Warten ausnutzen, um sich am Informationsautomaten ihre abendlichen Theater- oder Kinokarten zu besorgen. Geißler spricht vom „Vergleichzeitigungstrend", der dazu führt „Multiplex-Center" zu schaffen, in denen man alles gleichzeitig erledigen kann. Das Hörbuch verdankt dieser Tendenz seinen Aufstieg. Während man die Wohnung putzt oder Auto fährt, kann man nebenbei ein Buch hören. Es gilt nicht mehr „eins nach dem anderen", sondern „alles gleichzeitig", nicht mehr das Wort der Bibel „Alles hat seine Zeit", sondern „alles zu jeder Zeit". Man spricht von „Multitasking" und meint damit das gleichzeitige Be- und Verarbeiten mehrerer Aufgaben.

Der Simultant ist an- und abwesend zugleich. Er lebt letztlich zeitlos. Doch die Gehirnforscher sagen uns, dass unser Gehirn sich immer nur auf ein Thema einlassen kann. Gleichzeitigkeit führt „nicht zu schnellerem Denken, sondern zu größerer Hektik" (Geißler, Simultant 35). Wer alles gleichzeitig tun möchte, arbeitet nicht effektiv. Er verzettelt sich und schwächt seine Konzentrationsfähigkeit. Geißler meint, der Simultant verlasse „die bisher gültige Zeitordnung, indem er versucht, der Begrenztheit des Lebens durch Vergleichzeitigung zu entfliehen" (ebd. 35). Auf der anderen Seite können wir der Tendenz der Gleichzeitigkeit heute kaum entfliehen. Gleichzeitig strömen die verschiedensten Informationen auf uns ein. Aber umso wichtiger erscheint es mir, dass wir die Kunst lernen, eins nach dem anderen zu tun.

Für mich ist es wichtig, mich auf das zu konzentrieren, was ich gerade tue. Ich könnte nie Bücher schreiben, wenn ich vieles gleichzeitig machen würde. Manche fragen mich, ob ich im Urlaub schreibe. Das ist für mich Tabu. Im Urlaub erhole ich mich. Da nehme ich keinen Laptop mit. Ich schreibe auch nicht im Büro so nebenbei. Wenn ich schreibe, dann sitze ich vor meinem PC und tue sonst nichts anderes. Ich höre weder Musik noch denke ich an Dinge, die ich erledigen müsste. Ich bin bei dem, was ich schreibe. Nur wenn ich mich so konzentriere, kann es auch fließen.

Natürlich kenne auch ich die Tendenz, im Büro einiges gleichzeitig zu tun. Wenn ich telefoniere, versuche ich, den Ordner mit Rechnungen zu bearbeiten oder die Post zu öffnen. Manchmal erlebe ich es als stimmig. Denn ich kann meine Arbeit in den wenigen Bürostunden nur erledigen, wenn ich möglichst effektiv arbeite. Bei manchen Telefonanrufen stimmt das. Bei anderen jedoch spüre ich, dass es mir und dem Gespräch nicht gut tut, wenn ich noch etwas anderes nebenbei tue. Es beeinträchtigt meine Aufmerksamkeit. Ich bin dann nicht ganz beim anderen. Auf der anderen Seite gibt es Routineanfragen, bei denen es durchaus sinnvoll ist, die Zeit zu nutzen. Aber für mich ist es wichtig, immer wieder mal meine Befindlichkeit bewusst wahrzunehmen. Wenn ich hektisch oder aggressiv werde, ist das ein Zeichen dafür, dass ich von der Zeit bestimmt werde, anstatt mich einzulassen auf das, was ist.

Manchmal werde ich gezwungen, einiges gleichzeitig zu machen. Während ich etwa die E-Mails beantworte, schellt das Telefon oder ein Mitarbeiter klopft an die Türe und möchte etwas besprechen. Die Flexibilität gehört zur Büroarbeit. Doch manchmal spüre ich, wie es mich zerreißt, wenn ich beim Schreiben einer E-Mail zehnmal gestört werde. Wenn ich mich aber damit aussöhne, dass ich auf vieles reagieren muss, was gerade auf mich einströmt, dann kann ich diese Gleichzeitigkeit gelassen vollziehen. Dann zerreißt sie mich nicht. Dies ist meine Weise zu arbeiten. Aber ich brauche ein Gespür dafür, welche Arbeiten ich gleichzeitig erledigen kann und welche eine uneingeschränkte Konzentration erfordern.

Der Typus des Simultanten ist nicht ganz neu. Schon Kurt Tucholsky hat vor fast hundert Jahren die geschäftigen Menschen beschrieben, die alles gleichzeitig tun. Sein Urteil darüber lautet: „Es ist alles Fassade und dummes Zeug und eine Art Lebensspiel, so wie Kinder Kaufmannsladen spielen." Und er lobt die Menschen, die eins nach dem anderen tun: „Die paar vernünftigen Leute, die in Ruhe eine Sache nach der anderen erledigen, immer nur eine zur gleichen Zeit, haben viel Erfolg." Wir können der Tendenz der Gleichzeitigkeit nicht ganz entgehen. Umso wichtiger ist es deshalb für mich, immer wieder innezuhalten und mich zu zwingen, eins nach dem anderen zu tun. Dann erlebe ich, wie ich wieder ins Gleichgewicht komme und wie mir die Dinge dann doch schnell von der Hand gehen, manchmal schneller, als wenn ich versuche, alles gleichzeitig zu erledigen.

Sich Zeit lassen

Wenn ich mich ständig unter Druck setze, etwas in einer ganz bestimmten Zeit zu tun, dann erlebe ich die Zeit als unangenehm. Ich bin nicht im Augenblick. Ich stehe unter Druck. Und ich habe das Gefühl, dass mir alles zu viel wird. Manche haben Angst, dass ihnen die Zeit davonläuft. Wenn wir genau hinschauen, sind es aber immer wir selbst, die uns unter Druck setzen. Doch der Druck erzeugt normalerweise nicht mehr Leistung. Vielmehr lähmt er mich. Das Gegenteil davon wäre die Passivität. Doch diese befriedigt mich auch nicht. Es kommt darauf an, ganz in dem zu sein, was ich tue. Dann werde ich mit einer gewissen Schnelligkeit arbeiten. Aber ich gerate nicht in Hektik.

Ich brauche ein Gespür dafür, wo ich etwas schnell erledigen kann und wo ich mir Zeit lassen muss. Manche Probleme kann man nicht im Handumdrehen lösen. Sie brauchen Zeit. Sie wollen bedacht sein, hin- und herbewegt werden, bis sie für eine Lösung reif werden. Manchmal muss man über ein Problem erst einmal schlafen, damit einem die richtigen Lösungen einfallen. Ein englisches Sprichwort sagt: „Wer im Galopp lebt, fährt im Trab zum Teufel." Ein Pferd im Galopp zu reiten, kann wunderbar sein. Man spürt die Kraft des Pferdes und eine innere Freiheit und Lust am Leben. Aber wenn das ganze Leben zum Galopp wird, wenn man an den Menschen, an den Bäumen und Sträuchern nur noch vorbeirauscht, dann fährt man im wahrsten Sinne des Wortes zum Teufel. Denn das Pferd wird bald zusammenbrechen. Wer ständig im Galopp reitet, der gehört nicht mehr sich selbst. Er gehört der Hetze, er gehört dem Teufel. Er reitet nicht mehr selbst, vielmehr wird er vom Teufel geritten. Das tut der Seele nicht gut. Es braucht immer beides: die Lust, im Galopp auszureiten und das gemächliche Traben. Wirkliche Begegnungen kann man nicht im Galopp erledigen. Die brauchen Zeit. Und wir brauchen Zeit, um Probleme zu lösen. Unsere Zeit hat beide Qualitäten nötig: die Langsamkeit und die Schnelligkeit. Wir müssen fähig sein, uns Zeit zu lassen, um zu warten, was in uns und um uns herum wachsen möchte. Und wir müssen manchmal schnelle Entscheidungen treffen: Wenn uns etwas anspringt, müssen wir beherzt ausweichen.

Robert Walser hat die Erfahrung gemacht, dass manches schneller geht, wenn wir uns Zeit lassen: „Wären wir ruhiger, langsamer, so ginge es uns besser, ginge es schneller mit unseren Angelegenheiten voran." Wer ruhig ist, der ist bei sich. Er ist in Berührung mit seiner inneren Kreativität. Nur wer bei sich ist, kann die Dinge klären. Wer gehetzt von einem Termin zum anderen jettet, der wird zwar möglicherweise viel tun. Aber es wird wenig dabei herauskommen. Das deutsche Wort „Hetze" kommt von Hass. Wer sich selbst hasst, der ist nicht kreativ. Er wird sich zwar ständig antreiben, aber nicht, weil er Lust hat, etwas anzupacken, sondern weil er sich selbst nicht achtet. Und wer sich nicht achtet, der wird nichts Beachtenswertes vollbringen. Wer bei sich ist, dem werden die Lösungen eher einfallen und er wird die Probleme wirklich angehen. Wer vor sich davonläuft, der ist zwar ständig in Aktion. Aber er weiß oft gar nicht, wohin er läuft. Oft rennt er vor seinem eigenen Schatten davon. Doch gerade auch im Schatten liegt oft ein wichtiges Lebenspotential. Wenn ich vor dem Schatten davonlaufe, wird er mich verfolgen. Eine chinesische Geschichte erzählt von einem Mann, der vor seinem Schatten floh. Immer wenn er zurücksah, nahm er den Schatten wahr. Er lief schneller und schneller. Aber immer noch war der Schatten hinter ihm her. Schließlich fiel er tot um. Es ist eine Weisheit, die in Asien sprichwörtlich ist, die aber auch hierzulande gilt: Wer langsam geht, der kommt manchmal schneller ans Ziel. Denn er wird nicht gehetzt vor etwas davonlaufen. Er geht auf das zu, was wichtig ist.

Ich lasse mir mitten in der Schnelligkeit der vormittäglichen Büroarbeit immer auch Zeit für Pausen. Wenn ich in eine Werkstatt gehe oder zu einer Teamsitzung ins Recollectiohaus, dann lasse ich mir Zeit. Ich kenne natürlich auch das Gegenteil, dass ich in der letzten Minute aufbreche und möglichst schnell zum Termin hetzen muss. Dann merke ich allerdings auch: Das tut mir nicht gut. Ich brauche kaum länger, wenn ich mir für den Gang Zeit lasse. Wer keine Pause macht, schadet auch seiner Seele. Psychologen haben entdeckt, dass die Pausen notwendig sind für ein kreatives Arbeiten. Auch wenn sie noch so kurz sind – in den Pausen komme ich wieder in Berührung mit mir selbst. Wenn ich bei mir bin, empfinde ich die Arbeit nicht als Last. Der Termin setzt mich dann nicht unter Druck, sondern wird zur Gelegenheit aufzuatmen. Dann erlebe ich auch eine Sitzung als Raum der Freiheit, als Raum, wo man sich vernünftig unterhalten kann. Auch wenn ich weiß, dass dieses Zusammensein eine bestimmte Zeit dauert und dass eine bestimmte Agenda abgearbeitet werden muss, fühle ich mich dann nicht unter Zeitdruck. Ich gebe mir vielmehr die Erlaubnis, mir jetzt die Zeit für dieses Gespräch zu nehmen. Dann ist mitten in der Arbeit Freiheit, mitten in der Schnelligkeit genügend Zeit für mich und für die anderen.

Der spanische Lyriker Juan Ramon Jimenez hat in einem Gedicht das langsame Gehen als ein Auf-mich-Zugehen verstanden – und damit etwas Wichtiges über die Kunst zu leben überhaupt gesagt:

„Lauf nicht,
geh langsam:
du musst nur auf dich zugehen!

Geh langsam,
lauf nicht,
denn das Kind deines Ich,
das ewig neugeborene,
kann dir nicht folgen."

Hinter diesem Plädoyer für die Langsamkeit steht eine wichtige Einsicht: Das Ziel unseres Lebens ist es nicht, überall dabei gewesen zu sein, überall und nirgends anzukommen. Das Ziel liegt vielmehr darin, bei uns selbst anzukommen. Doch das gelingt nur dem, der langsam geht, der bewusst seine Schritte setzt. Wenn wir bei uns selbst ankommen, dann kommen wir überall hin, wohin wir möchten. Einen weiteren Grund für das langsame Gehen sieht Juan Ramon Jimenez darin, dass unser inneres Kind sonst nicht nachkommt. Jeder von uns trägt ein göttliches Kind in sich, ein ewig neugeborenes Kind. Es ist die Quelle unserer inneren Erneuerung. Es ist unser innerster Kern. Nur wenn wir mit diesem inneren Kind in Berührung sind, wird unser Leben authentisch und fruchtbar. Das Kind kann unserem hektischen Lauf nicht folgen. Es braucht Zeit. Doch wenn wir dem Kind in uns Zeit lassen, werden wir das, was ansteht, schneller verwirklichen. Denn das Kind ist voller Spontaneität und Kreativität und Lebensfreude. Es findet spielerisch die Lösung, der wir oft hektisch nachlaufen.

Wer sich Zeit lässt, der erfährt das, was Karlheinz A. Geißler den Zeitwohlstand nennt: „Wohlbefinden in der Zeit" (Geißler, Tempo 190). Wer sich Zeit lässt, der ist frei von der Tyrannei der Zeit. Die Zeit hat ihn nicht im Griff. Er kann sie loslassen. Und zugleich gönnt er sich Zeit. Die Zeit steht ihm zur Verfügung. Sie verfügt nicht über ihn. Doch immer weniger Menschen sind heute fähig, sich Zeit zu lassen. Schon Adalbert Stifter hat festgestellt: „Wir Menschen plagen uns ab, um die Mittel zum Leben zu erwerben, nur das Leben lassen wir dann bleiben." Wer immer mehr materiellen Wohlstand erwerben möchte, verliert den Zeitwohlstand. Heute spüren wir, dass es ein gesundes Maß an äußerem Wohlstand gibt, das wir nicht überschreiten dürfen. Nur wer auch da sein

Streben nach immer mehr Gütern lassen kann, wird fähig, sich Zeit zu lassen und seine Zeit zu genießen. Wer nur darauf fixiert ist, in möglichst kurzer Zeit möglichst viel zu erledigen, der vergisst dabei zu leben. Er möchte durch seine Arbeit sein Leben verbessern und verschönern. Doch in Wirklichkeit geht er am Leben vorbei. Daher ist es wichtig, mir immer wieder zu vergegenwärtigen, warum ich das alles tue und warum ich so schnell arbeiten soll.

Das Streben nach immer größerem Reichtum führt zu ständiger Beschleunigung. Doch die Beschleunigung verdirbt unsere Lebensqualität. Und letztlich verhindert sie wahren Wohlstand. Der deutsche Philosoph Arthur Schopenhauer meint: „Den Gang der gemessen ablaufenden Zeit beschleunigen zu wollen ist das kostspieligste Unternehmen." Die Wahrheit dieses Satzes spüren wir erst heute hautnah. Die Beschleunigung hat dazu geführt, die Natur immer mehr auszubeuten. Die Umweltverschmutzung und die Zerstörung unserer Erde müssen wir mit hohen Kosten wieder gutmachen. Die Zeit hat ihre eigenen Gesetze, die nicht ungestraft übertreten werden können. Wir müssen uns dem gemessenen Ablauf der Zeit anpassen, anstatt sie unseren eigenen Vorstellungen zu unterwerfen. Wenn wir uns die Zeit gewaltsam unterwerfen, wird sie zurückschlagen und wir werden als Besiegte zurückbleiben. Die Zeit ist stärker als unsere Wünsche, sie uns untertan zu machen. Wir müssen uns mit der Zeit anfreunden. Wer sich Zeit lässt, der geht behutsam mit ihr um. Er achtet die Zeit. Wer sie beschleunigt, der verachtet sie. Doch die verachtete Zeit wird ihn mit Verachtung strafen. Und irgendwann wird dann dieser Mensch die Achtung vor sich selbst verlieren.

Neulich hielt ich einen Führungskurs für Daimler-Mitarbeiter. An einem Abend war eine Gesprächsrunde mit unserem Abt. Die Führungskräfte von Daimler-Chrysler wollten wissen, wie die Führung im Kloster funktioniere. Der Abt erzählte von unseren Entscheidungsprozessen. Bei wichtigen Angelegenheiten muss der ganze Konvent abstimmen. Es zählt die absolute Mehrheit. Doch der Abt meinte, wenn er spüre, dass es nur eine kleine Mehrheit gebe, dass noch zu viel aggressives Potential im Raum sei, dann verschiebe er die Abstimmung. Er möchte keine Kampfabstimmung. Denn die hinterlässt nachher immer ein ungutes Gefühl. Die Verlierer sind manchmal versucht, das Ergebnis der Abstimmung zu boykottieren. Daher setzt der Abt in so einem Fall nochmals Aussprachen an, in denen alle gehört werden, in denen vor allem die Gegner Gelegenheit bekommen, ihre Argumente und Befürchtungen auszudrücken. Wenn dann zwei Wochen später die Abstimmung stattfindet, geht dies meistens friedlich. Für die Daimler-Führungskräfte war das neu. Aber einige meinten, davon könnten sie nur lernen. Bei ihnen gehe es immer um schnelle Entscheidungen, die man oft durchboxe. Und dann zeigen die vielen Rückrufaktionen, dass man eigentlich viel mehr Geld und Zeit aufwenden muss, nur weil man sich bei der Entscheidung keine Zeit gelassen hat.

Sich Zeit nehmen

Ich erlebe immer wieder, wie sich Menschen nach einem guten Gespräch dafür bedanken, dass ich mir für sie Zeit genommen habe. Neulich war eine Frau bei mir und erzählte mir von ihren Sorgen. Das Gespräch dauerte nur eine halbe Stunde. Aber sie war dankbar, dass ich diese halbe Stunde für sie reserviert hatte. Sie hatte das Gefühl, dass diese Zeit ganz und gar ihr gehörte. Sie durfte erzählen, was sie auf dem Herzen hatte. Es ist immer eine begrenzte Zeit, die wir uns für andere nehmen können. Aber wichtig ist, dass der andere wirklich den Eindruck hat, dass die Zeit ihm gehört und dass wir ihm in dieser Zeit zuhören und in diesem Augenblick ihm gehören. Manchmal sagt jemand: Ich wage es gar nicht, Sie in Anspruch zu nehmen. Solche Menschen brauchen Mut, sich das zu nehmen, was für sie lebensnotwendig ist. Natürlich gibt es auch das Gegenteil: Es gibt Menschen, die meinen, sie hätten Anspruch darauf, dass ich mir für sie Zeit nehme. Sie halten es für selbstverständlich, dass ich für sie Zeit habe. Sie achten nicht die Begrenzung meiner eigenen Zeit. Sie rufen an und können nicht verstehen, dass ich gerade belegt bin, weil mich im Büro ein anderer Gesprächspartner in Anspruch nimmt und meine Aufmerksamkeit fordert. Wenn ich ihnen einen anderen Termin für ein Telefongespräch anbiete, werden sie manchmal aggressiv und beschimpfen mich: Ich sei gar nicht so freundlich, wie die Bücher es versprechen. Das tut mir weh. Und das ärgert mich. Doch ich spüre, dass dieser Ärger sich auch oft gegen mich richtet, weil ich in diesem Augenblick nicht klar genug bin und mich nur schwer abzugrenzen kann. Wenn ich die innere Freiheit habe, mich abzugrenzen, dann brauche ich nicht böse auf den anderen und seine Erwartungen sein. Er darf diese Erwartungen haben. Aber es ist meine Verantwortung, wie weit ich auf sie eingehe und sie erfülle. Ich darf ja nein sagen, ohne etwas gegen den anderen zu haben. Wenn er etwas gegen mich hat, dann muss ich das aushalten und hoffen, dass auch er mit sich und seinen Grenzen gut umgeht. Vielleicht ist die Erfahrung der Grenze, die er mit mir gemacht hat, auch für ihn heilsam. Wenn ich mir in dieser inneren Freiheit Zeit nehme und Zeit gebe, dann stehe ich nicht unter Zeitdruck. Es kostet mich dann keine Energie, mich abzugrenzen. Und ich werde nicht ärgerlich auf die, die meine Zeit in Anspruch nehmen möchten. Sie haben das Recht dazu. Aber ich habe auch das

Recht, über meine Zeit zu wachen. Denn sonst würde ich jedem gehören, der etwas von mir will. Und es gäbe keine Zeit mehr für mich. Andere würden über meine Zeit verfügen. Die Zeit käme mir dann abhanden.

Wenn ich im Gespräch ständig auf die Uhr schaue, dann hat der andere den Eindruck, dass er eigentlich gar nicht das Recht hat, meine Zeit in Anspruch zu nehmen. Oder aber er fühlt sich entwertet. Ich nehme ihn nicht wahr. Ich lasse mich nicht auf ihn ein. Ich presse ihn in mein begrenztes Zeitfenster. Doch niemand lässt sich gerne in das enge Korsett eines Zeitfensters zwängen. Die Kunst besteht darin, dem anderen den Eindruck zu vermitteln, dass ich jetzt ganz und gar für ihn da bin, dass ich mir wirklich gerne die Zeit für ihn nehme. Und zugleich muss er wissen, dass es eine begrenzte Zeit ist. Es ist meine Verantwortung, mich ganz auf meinen Gesprächspartner einzulassen und dann das Gespräch zu beenden, wenn die vereinbarte Zeit vorüber ist. Wenn ich diese innere Freiheit habe, ganz beim anderen zu sein und zugleich mich und meine begrenzte Zeit ernst zu nehmen, dann geht es mir gut im Gespräch. Dann kann ich dem anderen mein Wohlwollen zeigen. Ich bin emotional offen für ihn. Wenn ich mich aber innerlich ärgere, dass ich mir diese Zeit abgerungen habe oder dass der andere meine Zeit in Anspruch nimmt, dann bin ich nicht gegenwärtig. Ich bin mit meinem Ärger beschäftigt. Der hindert mich daran, beim anderen zu sein. Letztlich ärgere ich mich dann über mich, weil ich nicht den Mut hatte, mich abzugrenzen. Wenn ich das merke, sage ich mir: Jetzt hast du dich für dieses Gespräch entschieden, also sei ganz bei dir. Den Ärger kannst du dir für später aufheben. Er soll dich das nächste Mal sensibler dafür machen, was du annehmen und was du ablehnen sollst. Wenn ich mir wirklich die Zeit für den anderen nehme, dann habe ich nachher nicht das Gefühl, es sei verlorene Zeit gewesen. Oft fühle ich mich nach einem solchen Gespräch beschenkt. Es war auch für mich eine erfüllte Zeit. Die Zeit des Gesprächs hat mir selbst gut getan.

Ich nehme mir aber nicht nur für andere Zeit. Das Leben gelingt nur, wenn ich auch im Blick auf mich ein gutes Verhältnis von Geben und Nehmen entwickle. Wenn ich mir für den anderen Zeit nehme, gebe ich ihm etwas von meiner Zeit und meinem Wohlwollen, von meiner Kraft und meiner Zuwendung. Um geben zu können, muss ich aber auch fähig sein, mir selbst das zu nehmen, was ich brauche. Da ist einmal die Zeit für mich. Ich nehme mir Zeit, einen Spaziergang zu machen. Ich nehme mir Zeit zu meditieren und zu lesen. Und ich nehme mir Zeit, Musik zu hören und einfach im Augenblick zu sein. Wenn ich Musik höre, höre ich manchmal in mir auch andere Stimmen: „Du solltest deine Zeit besser nutzen. Du müsstest noch das oder jenes erledigen. Dieses Buch musst du noch lesen, dein Zimmer aufräumen ..." Wenn diese Stimmen in mir auftauchen, versuche ich sie bewusst loszulassen. Ich habe mich entschieden, mir jetzt die Zeit zum Musikhören zu nehmen. Diese Zeit gehört mir. Es ist meine Zeit. Ich lasse niemanden darüber verfügen, auch nicht die inneren Stimmen in mir. Dann erlebe ich, dass die Zeit, die ich mir genommen habe, zur geschenkten Zeit wird. Gott schenkt mir diese Zeit. Gott ist großzügig. Ich selbst bin mir gegenüber oft so kleinlich. Ich achte mich zu wenig und gönne mir zu wenig Zeit.

Wer sich nie Zeit für sich selbst nimmt, der drückt damit aus, wie klein er von sich selbst denkt. Er übersieht seinen eigenen Wert. Blaise Pascal, der französische Mathematiker und Philosoph, sieht in der Fähigkeit, sich Zeit für sich zu nehmen, die Bedingung, glücklich zu werden: „Einem Menschen zu sagen, er solle ausruhen, bedeutet, ihm zu sagen, er solle glücklich leben." Keiner kann glücklich leben ohne die Fähigkeit, zur Ruhe zu kommen. Aber es genügt wohl nicht, einen anderen dazu aufzufordern, dass er ausruhen soll. Denn viele sind heute unfähig, zur Ruhe zu finden. Daher sind sie wohl auch nicht zum Glück geboren. In der griechischen und römischen Philosophie hat die Ruhe einen hohen Wert. Ausruhen, die Muße genießen, darin liegt die Würde des Menschen. Für die Griechen bezeichnet die Muße („schole") eine von Arbeit und Sorgen freie Lebenslage. In der Muße tut man Dinge um ihrer selbst willen und nicht eines Nutzens wegen. Für Aristoteles ist die Muße vor allem der Ort, an dem man sich der Musik und der geistigen Schau („theoria") hingeben kann. Ruhe und innere Freiheit sind die Voraussetzungen dafür, dass ich in der Muße inneres Glück erfahren kann. Bei den Römern war die Muße („otium") vor allem das Ausruhen von Geschäften und die Erholung, zum Beispiel auf dem Land. „Otium" ist das Ziel des freien und glücklichen Menschen. Die Arbeit ist die Verneinung der Muße: „negotium", d.h. Nichtmuße. Der Philosoph Joseph Pieper, der versucht hat, die Weisheit der Antike und des Mittelalters für unsere Zeit zu übersetzen, sagt von der Muße: „Muße lebt aus der Bejahung. Sie ist wie die Stimme im Gespräch der Liebenden, das aus der Übereinstimmung sich nährt." Die Muße ist also mehr als eine Zeit, die ich mir für mich selbst nehme. Sie setzt eine innere Haltung voraus. Es ist die Haltung der Bejahung des Seins, der Glaube, dass das Sein gut ist. Letztlich setzt Muße die Liebe voraus, die Liebe zu allem, was ist.

Was Muße bedeutet, haben wir heute verlernt. Heute sprechen wir von Freizeit. Aber häufig sind wir da nicht so frei. Es gibt eine eigene Freizeitindustrie, die unsere Freizeit dem Diktat des Nützlichen unterwirft. Die wenigsten können die Freizeit genießen. Daher müssen sie sie mit allerhand Aktivitäten vollstopfen. So führt die Freizeit nicht zur Freiheit, sondern zu einem neuen Zwang. Es ist der Zwang, die Freizeit möglichst effektiv zu nutzen, vor seinen Arbeitskollegen sich damit zu brüsten, was man alles in seiner Freizeit unternommen habe. Muße ist die Fähigkeit, die Zeit zu genießen und das zu tun, was nicht „verzweckt" werden kann. Nur wer zur Muße fähig ist, erfährt sich als wirklich frei.

Auszeiten, Sabbatzeiten und Wüstentage

Beim Eishockey haben die einzelnen Spieler Auszeiten. Manchmal handelt es sich um eine Bestrafung für ein Foulspiel, manchmal um eine Auszeit, die dem Spieler die Gelegenheit gibt, sich zu regenerieren. Solche Auszeiten gibt es auch in vielen Arbeitsbereichen. Bei Priestern gibt es eine Sabbatzeit. Wer sich ausgebrannt fühlt, beantragt diese beim Personalchef. Manche nutzen die Sabbatzeit bei uns im Recollectiohaus, um sich psychisch und spirituell aufzufrischen. Andere machen ausgiebigen Urlaub. Andere gehen auf Kur oder Fortbildung. In der Industrie sind solche Auszeiten eher Luxus. Aber manchmal zwingt uns der Körper dazu, uns eine Auszeit zu gönnen. Wenn wir eine Grippe haben, dann lädt sie uns dazu ein, uns ein paar Tage zuhause zu genehmigen. Was wir uns selbst nicht gönnen, dazu drängt uns unser Leib. Bei manchen ist es auch die Seele, die ihnen eine Auszeit aufzwängt. Wenn jemand zum Beispiel an Depressionen leidet, dann muss er sich eine Auszeit nehmen. Die Depression hat immer einen Sinn. Sie stellt uns vor die Frage, ob wir uns zu wenig Zeit für unsere Seele gegönnt haben. Die Seele lässt sich nicht über ihr Maß hinaus beanspruchen. Sie rebelliert. Und wir tun gut daran, ihre Rebellion ernst zu nehmen. Man spricht von Erschöpfungsdepressionen. Sie nehmen heute immer mehr zu, weil offensichtlich viele mit ihrer Zeit nicht gut umgehen. Sie strapazieren ihre Zeit, bis die Zeit zurückschlägt und sie zwingt, sich eine Auszeit zu nehmen.

In spirituellen Kreisen ist es üblich, sich einen „Wüstentag" zu gönnen. Manche tun es jeden Monat, manche einmal im Vierteljahr oder im Halbjahr. Sie tun an diesem Wüstentag nichts, was sie vorweisen könnten. Sie gehen den ganzen Tag wandern und achten darauf, was im Schweigen hochkommt. Andere setzen sich einfach in ihr Zimmer und warten, was sich in ihrer Seele tut. Die frühen Mönche kannten die Übung des Kellions. Wenn sie nicht wussten, was sie mit den inneren Turbulenzen anfangen sollten, dann setzten sie sich einfach ins Kellion, in ihre Mönchsbehausung, und hielten sich selbst im Schweigen vor Gott aus. Sie beteten dann nicht. Sie hatten kein geistliches Programm und arbeiteten auch nicht. Sie saßen nur da, um zu beobachten, welche Gedanken in ihnen auftauchten. Sie hatten dabei das Bild vor Augen, dass sie im Boot sitzen und warten, bis das Wasser ganz ruhig ist. Dann steigen Fische auf. Sie greifen nach ihnen und fragen sich, ob sie nahrhaft seien oder nicht. Die nahrhaften Fische, d. h. ihre Gedanken, nehmen sie ins Boot, die anderen werfen sie wieder ins Wasser ihres Unbewussten. Wenn ich Kursteilnehmer zu dieser Kellion-Übung einlade, machen sie erstaunliche Erfahrungen. Sie spüren, dass es ihnen gut tut, mal nicht vor der eigenen Wahrheit davonzulaufen. Manche hatten den Eindruck, dass sich da ein gordischer Knoten für sie löste. Sie fühlten sich auf einmal frei. Sie hatten keine Angst mehr vor dem, was in ihnen auftauchte. So verbrauchten sie ihre Energie nicht mehr damit, vor sich selbst zu fliehen. Sie konnten sich gut selbst aushalten. Das half ihnen, mit neuer Energie in ihren Alltag zurückzukehren. Sie hatten das Gefühl: Jetzt kann ich mich wieder ganz auf das einlassen, was heute von mir gefordert wird. Ich kann wieder ganz im Augenblick sein und wach und achtsam leben.

Manche, die in verantwortlichen Stellungen tätig sind, spüren, dass sie von Zeit zu Zeit eine Auszeit brauchen. Sie ziehen sich für ein paar Tage ins Kloster zurück, um sich einfach dem Rhythmus der Mönche anzuschließen und in die Stille einzutauchen. Sie erzählen mir, dass sie das brauchen. Und es täte ihnen besser als ein Urlaub mit ihrer Familie. Der Urlaub ist sicher wichtig. Aber jeder braucht auch Zeiten, in denen er aussteigen kann aus allen Verpflichtungen, die ihn sonst in Beschlag nehmen. In solchen Auszeiten wird er neu entdecken, was wirklich wichtig ist in seinem Leben. Und er wird wahrnehmen, wo die Seele ihm signalisiert, dass er an seinem Lebensstil etwas ändern muss. Für viele ist es nicht so einfach, aus dem üblichen Trubel auszusteigen. Schon Blaise Pascal meinte: „Nichts ist dem Menschen so unerträglich, als wenn er sich in vollkommener Ruhe befindet, ohne Leidenschaften, ohne Beschäftigung, ohne Zerstreuungen, ohne Betriebsamkeit." Da wir immer beschäftigt sind, versuchen wir, uns auch in der Auszeit mit vielen interessanten Dingen zu beschäftigen. Wir lesen Bücher, wir meditieren, wir wandern. Das kann zwar alles gut sein. Aber wir brauchen auch Auszeiten, in denen wir uns nicht beschäftigen, sondern einfach nur da sind und dem Geheimnis der Zeit und damit dem Geheimnis unseres Lebens nachspüren.

Für mich ist es wichtig, jedes Jahr Einzelexerzitien zu machen. Entweder lasse ich mich von einem Exerzitienleiter eine Woche lang dabei begleiten. Im Schweigen lasse ich mich ein auf die Bibeltexte, die der Begleiter mir vorschlägt. Und ich achte auf das, was sich in meiner Seele regt. Oft habe ich während der Exerzitien sehr klare Träume. Manchmal mache ich alleine Exerzitien. Ich wähle mir dann Texte aus der Bibel zu meiner persönlichen Meditation aus. Ich setze mich nicht unter Druck, in den Exerzitien etwas erreichen zu müssen. Ich nehme einfach nur die Zeit wahr und versuche, ganz im Augenblick zu sein und auf das zu hören, was Gott mir in der Stille sagt. In den Exerzitien erlebe ich die Zeit anders. Anfangs kann ich die Zeit einfach genießen. Ich lasse allen Druck, der auf mir lastet, abfallen. Aber dann erlebe ich auch, wie es langweilig werden kann. Dies ist für mich ein Alarmzeichen, dass ich immer noch unter Druck stehe, etwas leisten zu müssen. Und ich spüre, dass mir Gott gar nicht so wichtig ist, wie ich das in meinen Büchern immer wieder betone. Wenn ich merke, wie ich die Zeit mit etwas zustopfen möchte, wenn ich mir neue Ideen für Bücher ausdenke oder bestimmten Problemen nachhänge, dann versuche ich, dagegen zu steuern. Ich halte mich einfach vor Gott aus. Ich halte Gott meine Leere hin und meine Unfähigkeit, mich ganz und gar auf ihn einzulassen. Dann taucht wieder Friede in mir auf. Und ich erlebe die Zeit anders. Sie wird wieder freie und erfüllte Zeit zugleich.

Die Auszeit der Einzelexerzitien gibt mir ein Gespür dafür, wie ich meine andere Zeit gestalten soll. Oft habe ich an solchen Tagen schon beschlossen, für das kommende Jahr diese oder jene Tätigkeit zu lassen. So wurde mir beispielsweise in den Einzelexerzitien klar, dass ich selbst keine Gäste mehr in Einzelexerzitien begleiten darf. Denn ich kann das nicht auf angemessene Weise mit meinen anderen Tätigkeiten verbinden. Ich werde sonst mir und den anderen nicht gerecht. Wenn ich mir die Zeit für Exerzitien nehme, hat das Auswirkungen auf mein Erleben von Zeit auch im übrigen Jahr. Es macht mich sensibel dafür, was für mich stimmt und was nicht, wo ich Grenzen setzen muss, um meine Zeit zu schützen, und wo ich mich einfach der Zeit überlassen soll.

Über die Zeitdiebe

Die Werbung möchte uns heute vieles andrehen, was uns angeblich Zeit erspart. Das Handy soll Zeit sparen. Wir brauchen nicht in eine Telefonzelle, um von unterwegs anzurufen. Wir können es von überall tun. Doch manches, was Zeit sparen sollte, wird zum Zeitdieb. Wer ständig sein Handy bei sich trägt, der kommt zu nichts mehr. Er wird von überall angerufen und ständig bei dem unterbrochen, was er gerade tut. So raubt ihm das Handy seine Zeit. Es kann zum Tyrannen werden.

Für viele ist das Fernsehen ein Zeitdieb. Sie meinen, sie müssten informiert sein, und verbringen mehr Zeit vor dem Fernseher, als ihnen lieb ist. Sie glauben, Fernsehen sei der kürzeste Weg, um gut über die Welt unterrichtet zu sein. Doch die Erfahrung zeigt, dass man im Fernsehen länger braucht, um gut informiert zu sein. Das Fernsehen verleitet dazu, in alle Bereiche dieser Welt hineinzuschauen. Und es fördert in uns den Druck, über alles Bescheid zu wissen. Ich verzichte bewusst darauf fernzusehen. Der Abend ist für mich zu schade, um ihn mit Fernsehen zu verbringen. Natürlich versuche ich mich über das Wichtigste zu informieren. Ich lese Zeitung. Dazu brauche ich jeden Tag etwa 15 Minuten. In dieser Zeit informiere ich mich nicht nur über die Politik und die Börse, sondern ich lese auch, was gerade in der Kulturszene geschieht. Wenn ein Artikel Hintergrundwissen bietet, lasse ich mir auch mal länger Zeit zum Lesen. Bilder können ablenken. Und Bilder haben die Tendenz, meine Seele in Beschlag zu nehmen. Ich muss über die Welt informiert sein, aber ich brauche auch Abstand zur Welt. Diesen Abstand erfahre ich im Lesen eher als beim Fernsehen.

Eine Gefahr beim Fernsehen ist, dass man nicht mehr davon loskommt. Bei den vielen Kanälen, auf denen gesendet wird, weiß man nicht, was man auswählen soll. Man meint, man müsste überall mal hineinsehen. Und dann bleibt man lange vor dem Fernseher sitzen. Es ist ja auch einfacher, sich berieseln zu lassen, statt selbst etwas zu tun. Aber in vielen Gesprächen höre ich immer wieder, wie die Menschen unzufrieden sind, weil sie ihre Zeit vor dem Fernseher verbracht haben, ohne dass sie es eigentlich wollten. Sie fühlen sich nicht informiert, sondern überladen mit Informationen und Bildern. Und die Bilder des Fernsehens wirken in ihren Träumen nach. Sie haben den Eindruck, dass es nicht ihre Zeit ist, sondern dass ihre Zeit von außen vollgestopft wird mit Bildern, die einfach nicht mehr aus dem Kopf heraus wollen. Ich habe abends kein Bedürfnis fernzusehen. Ich genieße den Abend, an dem ich Zeit zum Lesen oder Schreiben finde. Dann habe ich den Eindruck, dass die Zeit mir gehört. Ich bin nicht dem Fernsehen hörig, sondern ich höre auf das, was mir meine innere Stimme sagt.

Auch der Computer kann Zeit sparen. Das merke ich beim Schreiben. Früher habe ich alles mit der Hand geschrieben, es dann mit der Schreibmaschine getippt und nochmals korrigiert. Heute schreibe ich direkt mit dem PC. Das ist eine enorme Ersparnis. Aber manchmal ärgert es mich, wenn mein Computerfachmann meint, mein Programm wäre veraltet und das neue wäre besser. Ich merke, wie neue Programme unnötig Zeit kosten. Je komplizierter die Programme sind, desto länger dauert es, bis der Drucker reagiert oder das Bild erscheint. Da kann ich noch so schnelle Geräte kaufen, die Schnelligkeit wird durch den Programmaufwand wieder zunichte gemacht. Ich will schreiben und nicht mit den Programmen herumspielen. Ich erlebe Mitbrüder und Mitarbeiter, die sehr viel Zeit mit ihrem PC verbringen. Sie probieren alles Mögliche aus. Aber dieses Spielen verführt sie auch dazu,

Zeit zu verschwenden. Andere surfen an ihrem PC im Internet. Auch das Internet kann praktisch sein, um sich kurz und schnell zu informieren. Wo früher ein Gang in die Bibliothek oder aufwendige Recherchen und Telefonate nötig waren, kann heute das Internet schnell und zu Hause abrufbare Informationen zur Verfügung stellen. Aber wenn ich zu viel Zeit dafür brauche und mich im Meer der ungefilterten Informationen verliere, dann kann der Zeitsparer auf einmal zum Zeitdieb werden.

Es braucht große Disziplin und innere Freiheit, um mit all diesen technischen Geräten so umzugehen, dass sie mir wirklich Zeit sparen, statt sie mir zu rauben. Und sie werden mir nur dann Zeit schenken, wenn ich etwas mit meiner freien Zeit anfangen kann. Die Zeitersparnis nützt mir gar nichts, wenn ich die geschenkte Zeit nicht genießen kann. Das hat schon Friedrich Nietzsche erkannt: „Die Posse vieler Arbeitsamen: Sie erkämpfen durch ein Übermaß an Anstrengung sich freie Zeit und wissen nachher nichts mit ihr anzufangen als die Stunden abzuzählen, bis sie abgelaufen sind." Wer nur darauf fixiert ist, sich freie Zeit zu erkämpfen, ohne zugleich die Phantasie zu entwickeln, wie er die geschenkte Zeit gestalten und wahrnehmen kann, dem wird keine Zeit geschenkt. Vielmehr wird er die geschenkten Stunden totschlagen.

Nichts tun, um Zeit zu gewinnen

Die Natur lehrt uns, dass wir manchmal mehr erreichen, wenn wir nichts tun. Wenn wir die Saat ausgesät haben, müssen wir warten, bis sie aufgeht. Es gibt zwar auch in der Landwirtschaft immer etwas zu tun. Aber es gibt auch die Zeit des Wartens und des Nichtstuns. Das tut nicht nur der Seele gut, sondern auch dem Wachstum der Saat. Ähnliches gilt auch für unseren Alltag. Wer seine freien Stunden mit Aktivitäten zupflastert, der wird unfähig, den Augenblick zu genießen. Auch seine freie Zeit wird wie im Flug vergehen. Und er wird das Gefühl haben, dass er gar nicht selbst lebt. Er erlebt zwar viel, aber er lebt nicht. Er spürt nicht, was Leben bedeutet. Der deutsche Kulturphilosoph und Soziologe Eugen Rosenstock-Hussey sieht einen Zusammenhang zwischen dem Umgang mit der Zeit und der Fähigkeit, Zeit zu genießen: „Die misshandelte Zeit äußert sich zunächst im Entzug der Fähigkeit, gegenwärtig zu sein." Ich misshandle die Zeit, wenn ich zuviel in sie hineinstopfe, wenn ich mich ständig unter Druck setze, noch mehr in noch kürzerer Zeit zu leisten. Ich misshandle die Zeit, wenn ich sie immer mehr beschleunige, aber auch wenn ich sie achtlos vorbeiziehen lasse und sie mit vielen leeren Aktivitäten totschlage. Wenn ich die Zeit misshandle, bestraft sie mich mit der Unfähigkeit, im Augenblick zu sein. Die misshandelte Zeit entzieht sich mir. Sie geht mir verloren. Ich verliere mich selbst in ihr. Ich fühle mich nicht mehr. Ich bin nicht bei mir. Ich bin nicht gegenwärtig. Und so kann ich keine Muße erfahren. Die durch Misshandlung gewonnene Zeit ist verlorene Zeit. Sie hat nicht die Qualität der Muße, sondern vielmehr der Leere.

Die Formulierung „nichts tun, um Zeit zu gewinnen" klingt zunächst paradox. Wer sich jedoch bewusst die Zeit nimmt, einfach nur da zu sein, der wird erfahren, wie viel Zeit er gewinnt. Die Zeit gehört ihm. Früher gehörte zu jedem Bauernhof eine Bank vor dem Haus. Da saßen oft die Großeltern und schauten einfach zu. Da saßen sie am Abend und nahmen wahr, wie der Tag sich neigt und alles still wird. Sie taten nichts. Aber es ging von ihrem Dasein ein großer Friede aus. Man spürte, wie sie die Zeit genießen konnten. Sie hatten in ihrem Leben viel gearbeitet. Aber sie hatten auch die Fähigkeit, einfach nur da zu sein. Die Zeit hatte für sie eine andere Qualität bekommen. Sie war kein Tyrann mehr, sondern eine Einladung zur Dankbarkeit, eine Einladung zum reinen Da-Sein. Solche Augenblicke, in denen ich absichtslos einfach nur da sitze und den Gedanken nachhänge, die in mir auftauchen, sind oft sehr fruchtbare Momente. Da kommen mir neue Ideen. Wenn ich ein Problem in solches „Nichts-Tun" mitnehme, dann löst es sich meist auf. Zumindest relativiert es sich. Und oft finde ich gerade in solchen Augenblicken eine Lösung, auf die ich durch angestrengtes Nachdenken nicht gekommen bin. Rainer Maria Rilke hat für mich denkwürdige Verse formuliert, in denen er etwas von der Erfahrung alter Bauern aufgegriffen hat:

„Denn wir leben wahrhaftig in Figuren.
Und mit kleinen Schritten
Gehen die Uhren neben unserm eigentlichen Tag."

Unser Leben spielt sich nicht in erster Linie in der messbaren Zeit ab, für die die Uhren stehen. Vielmehr lebt jeder von uns in einer inneren Gestalt, in einem Bild. Der Bauer, der auf seiner Bank sitzt, lebt im Bild von Ruhe, Dankbarkeit, Staunen und Wahrnehmen. Vielleicht lebt er auch im Bild der Heimat. Dann strahlt sein Sitzen Heimat und Geborgenheit aus. Das innere Bild, mit dem jeder lebt, prägt seine Zeit. Die inneren Bilder bringen in uns etwas in Bewegung. Für mich ist immer wieder das Bild der Lebensspur wichtig. Ich grabe mit meinem Leben eine Spur ein. Und ich möchte, dass es eine Spur von Weite und Milde wird. Dieses Bild prägt mein Daseinsgefühl. Es bringt mich in Bewegung. Es drückt das Wesen meines Lebens aus. Die Uhren bringen uns nur äußerlich in Bewegung. Doch sie vermögen nicht, das Potential in uns anzustoßen, das in uns bereitliegt. Die Uhren gehen in kleinen

Schritten neben unserem eigentlichen Leben dahin. Sie repräsentieren nur das Messbare, doch sie können unsere inneren Möglichkeiten nicht in Gang bringen. Was in uns an Fähigkeiten und Kräften verborgen ist, das vermögen nur die inneren Bilder, die archetypischen Bilder unserer Seele in uns wachzurufen. Der eigentliche Tag ist der Tag, der geprägt ist von dem Bild, das meine Seele bewegt. Die Uhrzeit ist eine äußerliche Zeit. Die Zeit bekommt aber ihre wahre Qualität erst von den inneren Bildern, die uns prägen. Das innere Bild der Heimat gibt der Zeit des alten Bauern den Geschmack von Frieden, von Sicherheit, von Dankbarkeit und Halt mitten in der Haltlosigkeit unserer Zeit.

Ein Meister im Nicht-Tun war der chinesische Weise Laotse. Er spricht vom „Wu-wei", vom Nicht-Eingreifen und Geschehenlassen. Wer zu viel will, erreicht nichts. Der wahre Herrscher, so meint Laotse „wirkt durch Nicht-Tun und alles ist wohl regiert". Doch „wer das Reich erobern will durch sein Tun, dem sehen wir es misslingen". Der Weise fürchtet nur eines: „zu viel zu tun". Was meint Laotse mit diesen paradoxen Formulierungen? Mit dem Nicht-Tun will Laotse eine Haltung beschreiben, die Gott nicht ins Handwerk pfuscht. Wu-Wei ist die Aktivität, die im Einklang ist mit den ewigen Gesetzen des Himmels. Die wahre Kunst besteht für Laotse im Tun durch Nicht-Tun. Es ist ein Tun, das im Gegensatz zur äußeren Vielgeschäftigkeit steht. Es entspringt der göttlichen Gelassenheit. Der größte Fehler des Menschen besteht darin, zu viel zu wollen. Viele begehren sogar, gut und weise zu sein und viel zu wissen. Doch damit verfehlen sie ihr Menschsein. Ein Schüler von Laotse drückt dies so aus: „Die Menschen wären wahre Menschen, wenn sie nichts täten als ihr Leben aus sich selber fließen lassen, gleich wie eine Blume blüht, in der schlichten Schönheit des Tao" (Borel 22). Der große westliche Mystiker Meister Eckhart spricht vom Geschehenlassen. Es ist eine eigene Kunst. Denn wenn wir westliche Menschen diese Kunst lernen wollen, sind wir schnell zu ehrgeizig und verfälschen sie damit. In unserem geschäftigen Tun wollen wir die Dinge so ändern, wie wir sie haben möchten. Doch damit verfehlen wir oft das Ziel. Denn die Dinge haben ihre eigene Gestalt. Das Nicht-Tun ist also auf Dauer effektiver. Wir setzen uns nicht unter Druck, uns durch viele Tätigkeiten dauernd beweisen zu müssen. Wir entwickeln ein Gespür dafür, wo Handeln nötig ist, wo herzhaftes Eingreifen gefragt ist und wo es besser ist, einfach geschehen zu lassen. Wer diese Haltung erlernt, der gewinnt Zeit. Er vergeudet seine Zeit nicht mit nutzlosem Tun, denn er hat ein Gespür für die rechte Zeit, für den „Kairos", in dem sein Handeln gefordert ist.

Verschiedene Zeitmaße

Der Zeitforscher Karlheinz A. Geißler spricht von der Zeitvielfalt: Nur wenn wir lernen, verschiedene Zeitmaße in unserem Leben zuzulassen, werden wir das finden, was andere Philosophen den Zeitwohlstand nennen. Zeitwohlstand wird weder durch Zeit-Kontrolle noch durch Zeit-Management erreicht. Denn die Zeitkontrolle betrachtet die Zeit als eine feindliche Macht, die es zu unterjochen und zu beherrschen gilt. Und das führt nicht weiter. Nur wenn wir eine Kultur der Zeitvielfalt entwickeln, so Geißler, werden wir fähig, gut mit unserer Zeit umzugehen und uns in der Zeit wohl zu fühlen. Viele Manager haben heute erkannt, dass man nicht ins Unendliche beschleunigen kann. Wer immer schneller sein will, der hat keine Zeit mehr zum Nachdenken. Und er muss diesen Zeitmangel oft teuer bezahlen. Viele Rückrufaktionen von

Firmen zeigen, dass die hastige Flucht nach vorne zum Rückschritt wird. Nur jene Unternehmen, so Geißler, sind auf Dauer erfolgreich, „die es verstehen, die Vielfältigkeit der unterschiedlichen Zeitmuster in den betrieblichen Handlungsabläufen produktiv zu machen" (Geißler, Tempo 195).

Geißler fordert eine Ökologie der Zeit. Diese hat sich als Ziel gesetzt, „bei der zeitlichen Gestaltung des Lebens, stärker als bisher, die Naturgebundenheit des Menschen und damit die Einbettung allen Wirtschaftens in den allgemeinen Naturzusammenhang zu berücksichtigen" (Geißler, Tempo 203). Die Ökologie der Zeit berücksichtigt die verschiedenen Zeitmaße. In der Produktion einer Firma herrscht ein anderes Zeitmaß als in der Forschung. In der Forschung braucht man immer auch kreative Ruhephasen. Das gilt auch für Menschen, die in Führungspositionen arbeiten. Wenn sie ihre Zeit nur mit der Bearbeitung ihrer Akten verbringen, werden sie nicht kreativ sein. Sie brauchen Zeiten, in denen sie nichts tun, damit neue Ideen in ihnen reifen können.

Ein unterschiedliches Zeitmaß herrscht auch in der Familie. Manche Führungskräfte tun sich schwer damit, sich auf das Zeitverständnis ihrer eigenen Familie einzulassen. Kinder brauchen Zeit. Die Beziehung zu ihnen wächst nur, wenn man Zeit für sie hat. Diese Zeit kann man nicht mit möglichst vielen Aktivitäten ausfüllen. Und man darf sie nicht beschleunigen. Die Beschleunigung ist Gift für das Miteinander in der Familie – wie in jedem Miteinander, in dem es nicht um Zweckbeziehungen geht. Das gilt für eine Liebesbeziehung genauso wie im Verhältnis etwa zu alten Menschen oder in Freundschaften.

Die Natur hat ihren eigenen Rhythmus und ihr eigenes Zeitmuster. Die maßlose Beschleunigung tut der Natur nicht gut, sondern beutet sie aus. Heute spricht man von nachhaltigem Wirtschaften, das sich auf den Rhythmus der Natur bezieht. Wer in einer schönen Landschaft wandert, der braucht Zeit, um die Schönheit zu genießen. Wirkliche Freizeit verträgt keine Schnelligkeit. Erholen kann ich mich nur, wenn ich mir Zeit lasse. Auch die Kultur hat ein anderes Zeitmuster als die Industrie. Ein Konzert kann ich nur genießen, wenn ich nicht im letzten Augenblick hineinhetze, sondern mir einen Zeitrahmen vorher und nachher schaffe, damit die Musik nachklingen kann. Ich möchte nicht Uhrzeit oder Termintreue verteufeln. Sie haben durchaus ihren Sinn, gerade in einer immer komplexer werdenden Welt. Ohne gegenseitige Absprachen und genaue Abstimmung der Termine würde unser Miteinander heute zum Chaos. Wir sind schon ungeduldig, wenn die Bahn nicht pünktlich kommt und wir unseren Anschlusszug nicht erreichen. Doch die Uhrzeit darf nicht zur einzigen Zeitform werden. Daneben gibt es noch viele andere Zeitmuster des persönlichen und des politischen Lebens, die alle berücksichtigt werden müssen.

Interessant ist für mich, dass der Analytiker der modernen Zeit-Formen, Karlheinz A. Geißler, letztlich auf die Erfahrungen der Mönche mit der Zeit zurückkommt, wenn er schreibt, dass „wir heute, inmitten ökonomischer Betriebsamkeit, zur rechten Zeit und zu deren rechtem Maß zurückfinden“ müssten (Geißler, Tempo 206). Maß ist die zentrale Kategorie in der monastischen Tradition. Die Mönche kannten und kennen heute noch verschiedene Zeitmaße. Wenn wir im Kloster arbeiten, kennen wir natürlich auch die Beschleunigung. Wir müssen die Arbeit so organisieren, dass sie möglichst effektiv und in gewissem Maße auch schnell erledigt wird. Allerdings haben wir während eines Arbeitstages, beim Stundengebet, bei den Mahlzeiten und in der Rekreation, verschiedene Zeitmuster. Das Muster der Schnelligkeit wird beim Stundengebet immer wieder unterbrochen. Das zeigt sich schon beim Einzug zur Vesper. Der Abt schreitet da bewusst ganz langsam voran. In diesem langsamen Schreiten üben wir uns ein in die Langsamkeit der Liturgie. Die Liturgie braucht Zeit. Sie befreit uns vom Terror der vielen Termine. Sie schafft mitten im Arbeitsalltag einen Freiraum der Muße, einen Freiraum der Langsamkeit und Achtsamkeit. Ebenso ist es mit der Meditation. Jeder hat seine eigene Art zu meditieren. Für mich ist es wichtig, in der Meditation bewusst nur auf den Rhythmus meines Atems zu hören und mich von ihm in die innere Ruhe führen zu lassen. Das Gegenmuster des Stundengebets erfahre ich täglich als heilsam gegen die Gefahr, dass auch in meiner Arbeit die Beschleunigung zum einzigen Zeitmuster wird.

Auch unsere gemeinsamen Rituale haben ihre eigene Zeitform. Wir warten beim Essen, bis alle im Raum sind. Dann spricht der Abt ein Gebet. Wenn wir sitzen, hören wir erst der Lesung zu. Dann gibt der Abt das Zeichen, damit wir mit der Suppe anfangen können. Nach der Suppe warten wir wieder, bis der Abt mit dem Hauptgericht beginnt. Auf diese Weise wehren wir einer immer größeren Schnelligkeit beim Essen. Zuletzt wartet der Abt wieder, bis jeder mit dem Essen fertig ist. Erst dann klopft er ab, und wir stehen zum Gebet auf.

Rituale schaffen mitten im Alltag verschiedene Zeitmuster. Wer das jeden Tag erlebt, der versteht, was Karlheinz A. Geißler Zeitwohlstand nennt. Auch wenn uns manchmal die Termine drängen und die Arbeit möglichst schnell erledigt werden muss, so finden wir doch immer wieder Freiräume für andere Zeitmuster, die der Hektik wehren, das Leben mitten in der Beschleunigung wieder entschleunigen und eine Insel der Langsamkeit und Räume der Achtsamkeit schaffen.

Auch wer nicht in einem Kloster lebt, kennt verschiedene Zeitmuster am Tag. Wer sich etwa mit einem Freund zum gemeinsamen Essen trifft, hat wahrscheinlich das Gefühl, dass das Mahl Zeit braucht. Und wer genießt es nicht, einmal viel Zeit zu einem gemeinsamen Spaziergang zu haben. Wenn die Kinder aus der Schule kommen, brauchen sie Zeit. Ein kurzes Abfragen und Abhandeln täte ihnen nicht gut. Und auch die Mutter, die in dieser Situation mit ihnen spricht, wäre damit nicht zufrieden. Es ist also gut, die verschiedenen Zeitmaße bewusst wahrzunehmen und zu pflegen. Wer das tut, ist geschützt von der Tendenz einer endlosen Beschleunigung.

8.
Von der Einsicht des Weisheitslehrers – Alles hat seine Zeit

Schon die Bibel hat über das Geheimnis der Zeit nachgedacht. Am bekanntesten ist wohl ein Gedicht, das der Weisheitslehrer Kohelet um das Jahr 180 vor Christus verfasst hat und in dem er griechische und jüdische Weisheit miteinander zu verbinden versucht. Kohelet ist skeptisch gegenüber jeder Ideologisierung der Religion. Gerade deshalb spricht er heute viele Intellektuelle an, die an allzu glatten Aussagen über Gott und den Menschen zweifeln. Der Mensch – so meint der Weisheitslehrer – kann das Geheimnis des Lebens nicht durchschauen. Es bleibt ihm nur, alles, was er erlebt, als von Gottes unbegreiflicher Hand geschaffen anzunehmen. Er kann über seine Zukunft nicht selbst verfügen. Die Aufgabe des Menschen besteht darin, den jeweiligen Augenblick als den entscheidenden zu verstehen. Jeder Augenblick hat seine eigene Qualität, doch ich kann mir diese nicht aussuchen. Sie ist von Gott verfügt. Nur wenn ich mich dem Geheimnis Gottes und der von ihm verfügten Zeit beuge, lebe ich richtig. Dann gelingt mein Leben:

„Alles hat seine Stunde. Für jedes Geschehen unter dem Himmel gibt es eine bestimmte Zeit: eine Zeit zum Gebären und eine Zeit zum Sterben, eine Zeit zum Pflanzen und eine Zeit zum Abernten der Pflanzen, eine Zeit zum Töten und eine Zeit zum Heilen, eine Zeit zum Niederreißen und eine Zeit zum Bauen, eine Zeit zum Weinen und eine Zeit zum Lachen, eine Zeit für die Klage und eine Zeit für den Tanz; eine

Zeit zum Steinewerfen und eine Zeit zum Steinesammeln, eine Zeit zum Umarmen und eine Zeit, die Umarmung zu lösen, eine Zeit zum Suchen und eine Zeit zum Verlieren, eine Zeit zum Behalten und eine Zeit zum Wegwerfen, eine Zeit zum Zerreißen und eine Zeit zum Zusammennähen, eine Zeit zum Schweigen und eine Zeit zum Reden, eine Zeit zum Lieben und eine Zeit zum Hassen, eine Zeit für den Krieg und eine Zeit für den Frieden" (Koh 3,1–8).

Manche spüren in diesem Gedicht eine tiefe Resignation. Man kann nichts festhalten und nichts ändern. Kohelet selbst scheint diese Skepsis zu bestärken, wenn er fragt: „Wenn jemand etwas tut – welchen Vorteil hat er davon, dass er sich anstrengt?" (Koh 3,9). Lohnt es sich also nicht, sich für die Veränderung dieser Welt einzusetzen? Kohelet bleibt nicht bei dieser Schlussfolgerung stehen. Am Ende seines Buches fordert er seine Leser zu tatkräftigem Handeln auf. Doch in diesem Gedicht geht es darum, sich in Gottes Willen zu ergeben und die Zeit als von Gott verfügte Zeit anzunehmen. Das Einverstandensein mit der Zeit, so wie Gott sie uns schenkt, führt nicht zur Resignation, sondern vielmehr zu innerer Gelassenheit und Daseinsfreude. Wenn ich jeden Augenblick so nehme, wie er ist, dann halte ich nicht an ihm fest. Wenn ich gerade eine Zeit des Lachens erlebe, dann versuche ich nicht, mich an ihr festzuklammern. Ich kann das Lachen genießen und weiß zugleich, dass es auch wieder eine Zeit des Weinens geben wird. Die darf auch sein. In Zeiten des Weinens tröstet mich die Hoffnung, dass diese Zeit nicht ewig währt, sondern wieder abgelöst wird von Zeiten der Freude. Es gehören immer beide Pole zum Leben: Liebe und Hass, Lachen und Weinen, Trauer und Freude. Nur wenn ich beide Pole akzeptiere, lebe ich meinem Wesen entsprechend. Das Gedicht lädt mich ein, mich an nichts anderem festzuklammern als an Gott.

Es sind vierzehn Gegensatzpaare, die Kohelet hier beschreibt. Vierzehn ist eine heilige Zahl. In Babylon gab es vierzehn helfende Götter. In der christlichen Tradition gibt es die vierzehn Kreuzwegstationen und die vierzehn Nothelfer. Und Jesus ist am vierzehnten Nisan gestorben. In der Vierzehn steckt die Verheißung, dass alle Bereiche des Menschen verwandelt werden. Wenn ich einverstanden bin mit diesen vierzehn Gegensätzen des menschlichen Lebens, dann wird meine Zeit eine heilsame Zeit werden. Die Zeit ist ein Durchgang zum Heil- und Ganzwerden, das Gott mir verheißt.

Kohelet deutet den Wechsel der Zeiten als etwas Vollkommenes und Schönes: „Gott hat das alles zu seiner Zeit auf vollkommene Weise getan. Überdies hat er die Ewigkeit in alles hineingelegt, doch ohne dass der Mensch das Tun, das Gott getan hat, von seinem Anfang bis zu seinem Ende wiederfinden könnte“ (Koh 3,11). Gott hat alles gut gemacht. Das gilt auch von der Zeit. Ich muss meine Maßstäbe, die ich an die Zeit anlege, loslassen. Meine Vorstellung ist, dass es nur gute Zeiten für mich geben sollte. Doch Kohelet meint, jede Zeit sei eine gute Zeit, auch die Zeit des Weinens und Trauerns. In jede Zeit hat Gott Ewigkeit hineingelegt. Jede Zeit hat also Anteil an Gottes Sein, an Gottes Ewigkeit. In jedem Augenblick steckt ein Stück Ewigkeit. Und wenn ich mich einlasse auf den Augenblick, berühre ich das Ewige, berühre ich letztlich Gott selbst. Aber Gottes Ewigkeit ist in der Zeit verborgen. Der Mensch kann sie nicht erkennen. Er vermag nicht zu verstehen, warum Gott mir gerade diesen Augenblick zumutet. So lädt mich Kohelet ein, darauf zu vertrauen, dass alles gut ist. Doch das ist keine theoretische Einsicht, sondern ein Erschauern des Menschen, ein Sich-Ergeben in Gottes Unbegreiflichkeit. Es ist letztlich „Furcht Gottes“, Niederfallen vor dem oft undurchschaubaren Gott. Das hat Kohelet beim Nachdenken über das Geheimnis der Zeit erkannt: „Jetzt erkannte ich: Alles, was Gott tut, geschieht in Ewigkeit. Man kann nichts hinzufügen und nichts abschneiden, und Gott hat bewirkt, dass die Menschen ihn fürchten" (Koh 3,14). Nur wer das einsieht und damit einverstanden ist, erfährt in der Zeit Glück. Das Glück kann ich nicht machen, genauso wenig, wie ich die Zeit zu erschaffen vermag. Doch wenn ich ja sage zu jedem Augenblick und ganz in dem bin, was gerade ist, dann fällt aller Druck von mir ab, den ich mir selbst auferlegt habe, und ich erahne Freiheit, Frieden und Glück.

Immer wieder setze ich mich unter Druck, die Zeit so zu gestalten, wie ich es mir vorgenommen habe. Ich möchte sie möglichst gut ausnützen. Ich arbeite, damit die Zukunft besser wird. Das ist alles durchaus gut. Doch Kohelet verweist mich auf eine andere Dimension meines Lebens. Auch mit noch so viel Arbeit kann ich diese Welt nicht im Letzten verändern. Ich kann die Zeit noch so gut ausnützen, ich habe keine Macht über sie. Gott kann mir eine Zeit der Krankheit schicken. Dann bin ich gezwungen, alle meine selbst gemachten Pläne über den Haufen zu werfen. Die Zeit liegt nicht in meiner Hand. Nur wenn ich sie aus der Hand Gottes annehme mit der Qualität, die er ihr verleiht, wird es eine gute Zeit, eine heilsame und heilende Zeit, eine Zeit, in der die Ewigkeit erfahrbar wird.

Therese von Lisieux hat verstanden, was Kohelet mit seinem Zeitgedicht sagen wollte. Sie schreibt: „Wenn uns Verzweiflung überkommt, liegt das gewöhnlich daran, dass wir zu viel an die Vergangenheit und die Zukunft denken." Die Weisheit, die Kohelet predigt, besteht darin, sich ganz auf den Augenblick einzulassen. Dann führen seine Worte nicht zur Verzweiflung, sondern zum Vertrauen und zur Furcht Gottes, zum Verankertsein in Gott. Therese von Lisieux kannte aus eigener Erfahrung Dunkelheit und Verzweiflung. Und als Novizenmeisterin ist sie bei ihren Novizinnen manches Mal der Verzweiflung begegnet. Als Ursache für solche Gefühle sieht sie das Kreisen um die Vergangenheit und Zukunft. Wer um seine vergangenen Verletzungen und Kränkungen kreist, der zweifelt daran, ob sein Leben je gelingen wird. Wer an der Gegenwart leidet, versucht in der Therapie seine Vergangenheit aufzuarbeiten. Er ist gezwungen, seine Vergangenheit anzuschauen. Das ist durchaus legitim. Nur wenn wir sie anschauen, können wir sie loslassen. Therese bezieht sich in ihrem Wort aber auf die, die nicht loskommen von ihrer Vergangenheit, die immer wieder zurückgehen und sich selbst oder Gott vorwerfen, dass die Zeit so war, wie sie war. Genauso wenig hilft es, ständig auf die Zukunft zu schauen. Es gibt Menschen, die vor lauter Starren in die Zukunft von zahllosen Ängsten gequält werden. Manche steigern sich in pessimistische Phantasien hinein. Sie malen sich aus, wie die ganze Welt zugrunde geht. Solche Horrorszenarien sind bei Menschen beliebt, die mit ihrem Leben am Ende sind und für sich keine Hoffnung mehr sehen. Wer immer nur an die Zukunft denkt, gerät in Verzweiflung. Therese lädt uns in Übereinstimmung mit Kohelet dazu ein, Vergangenheit und Zukunft Gott zu überlassen und uns auf den jeweiligen Augenblick einzulassen. Wir wissen nicht, was die Zukunft bringt. Es nützt nichts, wenn wir uns in Zukunftsvisionen flüchten. Und es hilft nicht weiter, die Vergangenheit Stück für Stück ab- und aufzuarbeiten. Ich muss sie loslassen. Allerdings vermag ich die Vergangenheit erst loszulassen, wenn ich sie angenommen, wenn ich mich mit ihr ausgesöhnt habe. Wichtig ist die Gegenwart. Hier begegne ich dem gegenwärtigen Gott. Nur in der Gegenwart verstummt die Verzweiflung. Denn da gilt es, einfach nur da zu sein, mich nicht in Grübeleien und Zweifel zu stürzen, sondern mich in Gott hinein zu ergeben, der alles vollkommen macht, auch wenn ich diese Vollkommenheit nicht zu sehen oder zu verstehen vermag.

9.
Vom Geheimnis der Zeit – Mein Leben angesichts des Todes

Im biblischen Buch Kohelet denkt der Weisheitslehrer über das Geheimnis der Zeit nach, weil das Phänomen des Todes ihn beunruhigt. Der Tod stellt alle Ideologisierungen in Frage. Was hat alle Anstrengung für einen Wert, wenn uns zuletzt doch der Tod erwartet und diese Anstrengungen zunichte macht? Ich kann also nicht über das Geheimnis der Zeit reflektieren, ohne die Wirklichkeit des Todes mit einzubeziehen. Die Zeit, die ich hier lebe, ist begrenzt durch den Tod. Auch wenn ich als Christ an die Auferstehung glaube, muss ich den Tod erst einmal nehmen als das, was er ist: als Beendigung meiner Lebenszeit, als Ende meiner Zeit. Im Tod hört für mich die Zeit auf. Was mich im Himmel erwartet, ist Ewigkeit. Und in der Ewigkeit gibt es keine Zeit mehr. Da ist immerwährender Augenblick, reine Gegenwart.

Der hl. Benedikt mahnt seine Mönche, sich täglich den drohenden Tod vor Augen zu halten (RB 4,47). Das Wissen um den jederzeit möglichen Tod hat eine Konsequenz. Sie besteht für den Mönch darin, dass er zu jeder Stunde sein Handeln überwacht, dass er also in jedem Augenblick achtsam lebt (RB 4,48). Im Mittelalter war die Übung des „Memento mori“ – Gedenke, dass du sterben musst – weit verbreitet. Ein Kirchenlied aus dem 11. Jahrhundert besingt unser tägliches Bedrohtsein vom Tod – freilich gerade nicht als etwas „Bedrohliches“: „Mitten im Leben sind wir mit dem Tod umfangen.“ Das bedeutet nicht, dass der Tod wie ein Damoklesschwert über dem Leben hängt. Dieses Wissen ist vielmehr wie eine Einladung gemeint. Darum geht es: in jedem Augenblick bewusst zu leben, das Geheimnis der Zeit und des Lebens zu schmecken. Wenn ich weiß, dass meine Zeit begrenzt ist, dann versuche ich, ganz gegenwärtig zu sein. Ich muss in meine begrenzte Lebenszeit nicht besonders viel hineinstopfen. Ich muss am Ende meines Lebens nicht eine bestimmte Reife erlangt haben. Denn ich weiß ja gar nicht, wie lange ich lebe, ob ich jung oder alt sterben werde. Weder die Zeit noch meine eigene Reife liegen in meiner Hand. Das Geheimnis des Lebens besteht darin, sich in Gottes Hand hinein zu ergeben. Das führt mich zu innerer Freiheit und Gelassenheit. Erst in dieser Freiheit und erst aus dieser Gelassenheit heraus bin ich wirklich fähig, mich ganz auf den jeweiligen Augenblick einzulassen.

Wenn ich an den Tod denke, erzeugt das in mir keinen Druck, noch möglichst viel zu erledigen, etwa das gerade entstehende Buch noch zu Ende zu bringen oder ein letztes Vermächtnis zu formulieren. Vielmehr ist für mich der Gedanke an den Tod immer eine Einladung, jetzt im Augenblick ganz ich selbst zu sein, in Berührung zu kommen mit meinem wahren Wesen und das auszustrahlen, was mein Innerstes ausmacht. Es ist also eine Einladung zum Wesentlichen und Ursprünglichen, zur Authentizität und zum Gegenwärtigsein. Zugleich relativiert das Denken an den Tod die Zeit, die ich gerade erlebe. Ich muss weder die Arbeit fertig machen, noch mich vor den Menschen rechtfertigen, noch etwas erklären. Ich muss gar nichts. Wenn ich sterbe, kommt meine Zeit hier auf Erden zu Ende. Sie darf ein Bruchstück bleiben. Es ist nicht meine Aufgabe, sie zu vollenden. Ich weiß: Gott wird mich vollenden. *Er* wird aus dem Bruchstück meines Lebens das als Botschaft herausfiltern, was den Menschen zum Segen gereichen wird.

Heute wird der Tod oft verdrängt. Ein Grund für diese Verdrängung liegt sicher auch in einem mangelnden Gespür für die eigene Endlichkeit. Der moderne Mensch tut sich schwer damit, seine Endlichkeit zu akzeptieren. Das wird für mich deutlich in der heute für viele anziehenden Vorstellung von der Reinkarnation. Da man die eigene Endlichkeit nicht wahrhaben will, muss man in immer neuen Reinkarnationen auf dieser Erde erscheinen, um so all das nachzuholen, was man in diesem Leben versäumt hat. Für mich ist es entscheidend, zu akzeptieren, dass mein Leben endlich ist und dass ich über dieses Ende nicht selbst verfügen kann. Meine Zeit wird gerade dann zu Ende sein, wenn ich es nicht erwarte. Das hat Jesus in seinen Gleichnissen immer wieder betont. Der Tod kommt wie ein Dieb in der Nacht. Daher mahnt uns Jesus zur Wachsamkeit: „Bedenkt: Wenn der Herr des Hauses wüsste, zu welcher Stunde der Dieb kommt, würde er wach bleiben und nicht zulassen, dass man in sein Haus einbricht. Darum haltet auch ihr euch bereit! Denn der Menschensohn kommt zu einer Stunde, in der ihr es nicht erwartet" (Mt 24,43f). Diese Worte Jesu sind zunächst auf das Kommen Jesu in jedem Augenblick zu deuten. Aber es ist auch legitim, sie auf Jesu Kommen im Tod hin auszulegen. Gerade dann, wenn wir es nicht vermuten, wird der Tod über uns kommen. Daher gilt es, in jedem Augenblick wachsam zu sein und im Bewusstsein zu leben, dass alles, was ich tue, endlich ist und dass meine Zeit begrenzt ist. Aber ich muss diese Zeit nicht selbst vollenden. Sie wird immer Bruchstück bleiben. Gott selbst wird vollenden, was ich ihm im Augenblick meines Todes hinhalte.

Ich habe Kurse für verwaiste Eltern gehalten. Ein Kind zu verlieren ist wohl das Schmerzlichste, was ein Mensch erleben kann. Immer wieder höre ich dann die Klage: Warum hat

Gott das zugelassen? Warum hat meine Tochter, die das blühende Leben selbst war und die so voller Fähigkeiten und Möglichkeiten steckte, all das nicht verwirklichen können, was Gott ihr an Gaben geschenkt hat? Warum musste sie so früh sterben? Ich kann auf diese Fragen keine Antwort geben. Ich kann sie einfach nur aushalten. Die Frage nach dem „Warum" kann ich nicht beantworten. Das steht mir nicht zu. Das ist Sache des oft unbegreiflichen Gottes. Mich zwingt der Tod von jungen Menschen dazu, über das Geheimnis des Lebens und der Zeit nachzudenken. Was ist das Geheimnis des Lebens? Was ist meine Aufgabe? Ist die Zeit, die ich hier auf Erden lebe, nur wertvoll, wenn sie möglichst lange dauert? Ist die Zeit nur dann erfüllt, wenn ich alle Fähigkeiten zum Wohl der Menschen entfaltet und eingesetzt habe? Ich merke, wie die Konfrontation mit einem solch frühen Tod alle meine Maßstäbe relativiert. Was ich aber in einer solchen Erfahrung spüre, ist dies: Es kommt nicht darauf an, wie lange ich lebe. Entscheidend ist nicht, wie viel ich für die Menschen leiste. Es kommt einzig darauf an, in der Zeit, die mir verbleibt, meine ureigenste Lebensspur einzugraben, das einmalige Bild sichtbar werden zu lassen, das Gott sich von mir gemacht hat. Es geht nicht um die Quantität der Zeit, sondern um ihre Qualität. Eine Mutter erzählte mir, dass sie das Bild von der eigenen Lebensspur sehr gut verstehen könne. Ihr Kind sei nach einem halben Jahr gestorben. Aber es habe in diesen sechs Monaten eine so tiefe Spur in ihr Herz gegraben, dass diese Spur nie mehr rückgängig gemacht werden könne. Die kurze Zeit, die ihr Kind gelebt hat, war eine erfüllte Zeit. Das Wesen dieses Kindes ist im Augenblick des Todes erst in seiner ganzen Klarheit aufgeleuchtet. Die Spur, die es mit seinem kurzen Leben eingegraben hat, geht im Herzen der Mutter weiter und wird durch die Mutter auf all die Menschen ausstrahlen, denen sie begegnen wird.

Es gibt aber nicht nur den Tod, von dem wir meinen, er sei zu früh gewesen. Es gibt auch Menschen, die nicht sterben können. Sie möchten dies gerne, weil ihnen das Leben nicht mehr lebenswert erscheint. Sie sagen: „Gott hat mich vergessen. Gott holt mich nicht." Oder aber sie siechen dahin. Sie leben zwar noch, sind aber doch irgendwie tot. Manche möchten dieser Zeit gerne ein Ende setzen. Aber sie spüren, dass unsere Zeit in Gottes Händen ist. Es liegt nicht an uns, welche Qualität die Zeit hat, die wir leben. Am Ende unseres Lebens wird uns auch das noch aus der Hand gerissen, was wir selbst gestalten können. Uns bleibt nur zu warten, bis Gott unsere Zeit beendet. Manchmal entdecken wir erst im Augenblick des Todes, dass das langsame Siechtum für diesen Menschen doch ein Segen war, weil es ihn in eine andere Tiefe und Weite hineingeführt hat. Es war ein inneres Läutern für den Sterbenden und für die Menschen, die von ihm Abschied nahmen.

Andere werden plötzlich und unerwartet aus dem Leben gerissen. Sie hatten eine erfüllte Zeit. Mitten in der Arbeit, mitten im Urlaub, auf der Fahrt zu einer geschäftlichen Besprechung greift der Tod nach ihnen. Sie hatten gar keine Zeit, sich auf den Tod vorzubereiten. Von einem Augenblick zum anderen hat der Tod alles verändert. Sie konnten ihr Leben nicht selbst zu einem guten Ende bringen. Es bleibt ihnen nichts anderes übrig, als auch das Ende Gott zu überlassen. Der Tod, der uns mitten im Leben trifft, gemahnt uns daran, ganz im Augenblick zu sein. Wenn ich bei jeder Autofahrt damit rechne, dass es die letzte sein kann, dann werde ich mich anders verhalten. Wenn ich aus einer solchen Haltung heraus lebe und handle, werde ich anders auf die Menschen zugehen, dann werde ich versuchen, ganz präsent und authentisch zu sein, so als ob es der letzte Augenblick wäre.

Wenn wir unsere begrenzte Zeit mit der schier unendlichen Zeit des Kosmos vergleichen, relativiert sich alles, was wir hier tun. Und wenn wir dann an die Ewigkeit denken, die ohne Ende ist: Welchen Wert gewinnt unsere Lebenszeit im Blick auf die Ewigkeit? Ewigkeit heißt dabei nicht eine unendliche Dauer von Zeit. In der Ewigkeit gibt es keine Zeit mehr. Unser Leben bei Gott ist zeitlos. Es ist reine Gegenwart. Aber diese Welt wird auch nach unserem Tod noch weitergehen. Wie sehe ich meine begrenzte Zeit, wenn ich mir vorstelle, was in 50, 100 oder 500 Jahren sein wird? Was bleibt von mir und der Zeit, in die ich meine Lebensspur hineingegraben habe?

Im Kloster haben wir Rituale im Umgang mit sterbenden und toten Mitbrüdern, die uns helfen, das Geheimnis des Todes und der Zeit, die durch den Tod begrenzt wird, zu meditieren und zum Ausdruck zu bringen. Wenn ein Mitbruder im Sterben liegt, hängt P. Prior eine Liste auf, in die man sich eintragen kann, um beim Sterbenden zu wachen. Der Sterbende soll nicht allein gelassen werden. Er soll die Gemeinschaft der Brüder erfahren. Aber auch wir sollen sein Sterben nicht als sein persönliches Schicksal sehen, sondern uns im Wachen bei ihm dem eigenen Tod und der eigenen Begrenzung stellen. Wenn dann ein Mitbruder gestorben ist, läuten die Totenglocke und danach alle sechs Glocken. Es ist also ein Festgeläut. Die Glocken künden, dass jemand in die Ewigkeit eingegangen ist. Die Glocken haben das Leben des Mitbruders bestimmt. Sie haben ihm angezeigt, was er zu tun hat. Auf das Glockenzeichen hin – so meint der hl. Benedikt – soll der Mönch den angefangenen Buchstaben unvollendet lassen und zum Gebet eilen. Der Tod hat den Bruder nicht in dem Augenblick getroffen, in dem er selbst wollte, sondern gerade dann, wann es Zeit für ihn war, Zeit von Gott her.

Am Abend des Todestages bahren wir den Verstorbenen im Kapitelsaal auf. Nach dem Abendessen versammeln wir uns zunächst schweigend um ihn. Dann singen wir die Totenvigil vor dem offenen Sarg und begleiten ihn singend zur Totenkapelle. Dort bleibt der Sarg offen bis zur Beerdigung. Und immer wieder halten Mitbrüder Wache beim Verstorbenen. Nach dem Requiem in der Kirche begleiten wir den Mitbruder dann unter dem altehrwürdigen Gesang „In paradisum deducant te angeli“: In das Paradies mögen dich die Engel geleiten. Der Gesang bezieht sich auf die Geschichte vom armen Lazarus, der von den Engeln in den Schoß Abrahams getragen wurde. Die Engel, vor deren Angesicht wir unsere Psalmen singen, begleiten den Verstorbenen über die Schwelle des Todes hinweg in die liebenden Arme Gottes.

Am Abend des Beerdigungstages setzen wir uns im Konvent nochmals zusammen und halten Rückschau auf das Leben des Verstorbenen. Es ist eine Erzählrunde, in der die Zeit des heimgegangenen Mitbruders nochmals lebendig wird. Die Zeit, in der er mit uns gelebt hat, wird noch einmal bedacht. Diese Zeit geht mit ihm zu Ende. Und damit endet auch für uns die Zeit mit ihm. Nun beginnt eine andere Zeit, in der er vom Himmel aus auf unser Leben blickt. Und wir fragen uns, was seine Botschaft für uns ist, die wir in unsere Zeit hinüber retten sollen, die unsere Zeit mit prägen möchte.

Lieber Leser, liebe Leserin, ich weiß nicht, welche Erfahrungen du mit dem Abschied von lieben Toten gemacht hast und ob deine Lebenszeit durch diesen Abschied mitgeprägt ist. Und ich weiß nicht, ob du dir während des Alltags bewusst bist, dass deine Zeit begrenzt ist. Eine gute Übung, die du machen kannst, ist, dir vorzustellen: Es ist dein letzter Tag. Was möchtest du da tun? Wie möchtest du den letzten Tag erleben? Diese Vorstellung wird dir neuen Geschmack am Leben vermitteln und ein neues Gespür für jeden Augenblick, der ja der letzte sein kann. Mir hilft diese Vorstellung dabei, ganz im Augenblick zu sein und mit allen Sinnen wahrzunehmen, was ich gerade erlebe. Dann wird jedes Gespräch intensiver, die Begegnung echter und die Worte überlegter. Ich wünsche dir, dass das Denken an den Tod auch für dich zu einem Schlüssel zum Leben wird und zu einem Schlüssel, deine Zeit als endliche Zeit achtsamer und behutsamer zu leben.

Vom Geheimnis der Zeit – Schluss

Ich habe lange gezögert, den vielen Büchern über die Zeit, die es bereits gibt, noch eines hinzuzufügen. Ich hatte das Gefühl, nichts Neues sagen zu können. Aber ich habe beim Schreiben gespürt, dass die Mönche in ihrer Jahrtausende alten Tradition eine Erfahrung mit der Zeit gemacht haben, die auch für uns heute hilfreich sein kann. Die Mönche verstehen sich nicht als Lehrmeister, die andere von ihrem Lebensstil überzeugen wollen. Sie haben nicht den Anspruch, unsere Zeit oder ihre Mitmenschen zu missionieren. Aber sie haben Lust daran, ihr eigenes Lebensmodell auch heute noch, in einer veränderten Gesellschaft, zu leben. Manchen mag dieses Lebensmodell antiquiert erscheinen. Das Interesse, das heute viele, die von der Kirche nichts mehr wissen wollen, an Klöstern und klösterlichem Leben entwickeln, zeigt jedoch, dass gerade das Fremde, einer langen Tradition Verhaftete neugierig macht. Offensichtlich hat es etwas an sich, was in der modernen Lebenswelt verschüttet oder verdeckt wurde. Viele erwarten vom Umgang der Mönche mit der Zeit Anregungen, um ihre eigenen Zeiterfahrungen einmal von einer anderen Warte aus anschauen und neue Wege für sich entdecken zu können.

Als Mönch stehe ich in zwei Welten: In meiner Arbeit als Cellerar und Autor werde ich ständig mit Terminen konfrontiert. Ich muss mich der Schnelligkeit der modernen Arbeitswelt stellen. Meine Arbeit in der Verwaltung verlangt ein gutes Tempo. Sonst würde ich nie nachkommen. Und zugleich lebe ich in einer anderen Welt: Es ist die wohlgeformte Welt des Mönchtums. Der Tag ist geregelt. Fünfmal am Tag versammeln wir uns zum Chorgebet. Wir vollziehen Riten und feiern lange Gottesdienste, die in den Augen der Arbeitswelt und unter dem Gesichtspunkt ökonomischer Effizienz Zeitverschwendung sind. Täglich gönne ich mir die vier Stunden „Zeitverschwendung" für Gebet und Meditation. Die ersten drei Stunden des Tages sind eine Zeit des Schweigens. Ich erfahre sie als Luxus in dieser lauten Welt und als Gegengewicht zur Herausforderung der Arbeitswelt. Wenn ich Bankdirektoren oder Handwerksmeister stöhnen höre, wie sehr sie unter ständigem Zeitdruck stehen, dann bin ich dankbar für diese tägliche Gegenerfahrung einer freien Zeit, einer Muße, die nur der Meditation und dem Gebet dient, die keine „Funktion" hat und die nicht „verzweckt" werden kann. Die zweckfreie Zeit mitten im zweckorientierten Alltag der Arbeitswelt tut mir gut. So gibt es keinen Tag, der einfach nur an mir vorbeigeht. An jedem Tag darf ich innehalten und den Freiraum genießen, in dem ich mit Gott und mit mir selbst in Berührung komme.

Viele fragen mich, wie ich so viel Bücher schreiben könne, wo ich doch so viel anderes zu tun hätte: die Arbeit in der Verwaltung, im Recollectiohaus, im Gästehaus, die vielen Vorträge und Kurse. Ich kann darauf keine richtige Antwort geben; ich weiß es nicht. Auf jeden Fall fühle ich mich nicht gestresst. Wenn man mir diese Frage stellt, verweise ich immer auf die Zeitdisziplin, die mir das Mönchtum vorgibt. Auch wenn noch so viel auf mich einströmt, habe ich jede Woche sechs Stunden Zeit zum Schreiben. Wenn ich von Zeitdisziplin spreche, dann meine ich nicht, dass ich wie ein Uhrwerk funktioniere. Vielmehr spüre ich, dass der klösterliche

Lebensstil mit seinen verschiedenen Zeitmaßen für mich offensichtlich ein Raum ist, in dem ich kreativ sein kann und auch viel und effektiv zu arbeiten vermag.

Vielleicht schaut der eine oder die andere, im Hinblick auf den Zeitdruck, dem er oder sie sich selbst ausgesetzt sieht, mit einem gewissen Neid auf das Zeitmuster, das mir das klösterliche Leben täglich anbietet. Dieses Zeitmuster kann man sicher nicht kopieren. Aber vielleicht macht es den einen oder anderen neugierig darauf, in seinem eigenen Leben nach Alternativen zu fragen. Wer sich selbst Tabuzeiten setzt, wird ihre Wohltat erfahren. Meine jüngste Schwester steht täglich schon um vier Uhr auf, um eine Stunde für sich zu haben, bevor die Familie sie in Anspruch nimmt. Ich bewundere sie. Sie hat eine größere Zeitdisziplin als ich. Ich weiß genau, dass ich das nicht fertig bringen würde. Für mich ist das gemeinsame Aufstehen eine Hilfe. Wenn ich darüber selbst entscheiden müsste, würde ich es vermutlich nicht immer so gut schaffen. Meine Schwester erzählt mir, dass ihr diese morgendliche Stunde einfach gut tut. Sie macht sie gelassen und verhindert, dass sie mitten im Trubel des Alltags aus der Haut fährt.

So möchte ich die Leserinnen und Leser dieses Buches einladen, ihr Leben einmal genau anzuschauen. In meiner Beratungstätigkeit stelle ich oft Menschen, die unter der Last ihrer vielfältigen Inanspruchnahme leiden, die Aufgabe, ein Zeitraster zu entwerfen. Sie schreiben einfach nur auf, wie jeder Tag in der Woche für sie abläuft, wann sie aufstehen, wann sie meditieren, was sie alles tun und zu welcher Stunde und in welcher Zeit sie ihre Arbeit erledigen. Wenn sie dann den Ist-Zustand aufmerksam betrachten, bekommen sie in aller Regel Lust, manches anders zu strukturieren, manche Arbeiten zu lassen und sich noch bewusster Freiräume zu schaffen.

Auch du, liebe Leserin, lieber Leser, kannst, wenn du unter Zeitdruck leidest und dich nach einer Veränderung deiner Zeitstruktur sehnst, etwas tun: Einen Wochenplan aufzustellen, ist ein guter Anfang. Wie sieht dein Tag genau aus? Bist du damit zufrieden? Du sollst deinen Wochenplan nicht mit einem schlechten Gewissen anschauen und dir viele Vorsätze machen, was du alles verbessern möchtest. Vielmehr solltest du Lust bekommen, deine Zeit selbst in die Hand zu nehmen und sie so zu gestalten, dass du dich darin wohlfühlst und dass du die Dinge, die anstehen, ohne Stress erledigen kannst. Wenn du dein Wochenraster anschaust, wirst du erkennen, was sinnvoll ist und was nicht, was du wirklich tun möchtest und was nur lästige Verpflichtungen sind, die du eigentlich schon längst abschaffen wolltest. Wache über deine Zeit, damit es eine erfüllte und gesegnete Zeit wird, damit von deiner Zeit Segen ausgeht für dich und deine Mitmenschen.

Wenn ich ganz präsent bin, bin ich im Sein, dann *bin* ich einfach. Dann spüre ich das Geheimnis des Seins, dann geht mir das Geheimnis der Zeit auf, dass es immer eine heilige Zeit ist, eine Zeit, in der Gott an mir wirkt und mich heil und ganz machen möchte. Ich wünsche dir, liebe Leserin, lieber Leser, dass du täglich einen Freiraum in deiner auf Effektivität ausgerichteten Welt entdeckst und dass du in diesem Freiraum die Zeit anders erlebst – als Zeit, die Gott dir schenkt, als reine Gegenwart, in der dir aufgeht, was Leben heißt, nämlich ganz präsent zu sein, als heilige Zeit, die heilsam wird für dich, in der du dich als heil und ganz erfährst, als jemand, der mitten in der Zeit über diese Zeit hinausreicht in einen Bereich, der der Zeit enthoben ist, in den zeitlosen Raum der Ewigkeit Gottes.

Literatur

Borel, Henri: *Wu-Wei. Laotse als Wegweiser*, Ulm 1948.

Franz, Marie-Louise, von: *Zahl und Zeit. Psychologische Überlegungen zu einer Annäherung von Tiefenpsychologie und Physik*, Stuttgart 1980.

Geißler, Karlheinz A.: Der Simultant, in: *Psychologie heute*, November 2002, S. 30–35.

Geißler, Karlheinz A.: *Es muss in diesem Leben mehr als Eile geben*, Freiburg 2001.

Geißler, Karlheinz A.: *Vom Tempo der Welt. Am Ende der Uhrzeit*, Freiburg 1999.

Geißler, Karlheinz A.: *Zeit – verweile doch … Lebensformen gegen die Hast*, Freiburg 2000.

Hallier, Helmut: *Mach langsam, wenn es schnell gehen soll. Zeit gewinnen für das Wesentliche*, Freiburg 2002.

Laotse, Tao Teh King: *Vom Geist und seiner Tugend*, übertr. v. H. Federmann, München 1926.

Löhr, Ämiliana: *Abend und Morgen ein Tag*, Regensburg 1955.

Loos, Gertrud Katja: Rhythmus ist Gliederung der Zeit in sinnlich fassbare Teile, in: *Zeit haben*, hg. v. Helga Egner, Zürich, 1998, S. 191–205.

Rösing, Ina: Die Zukunft liegt hinten, die Vergangenheit vorn. Fremdkulturelle Konstruktionen der Zeit, in: *Zeit haben*, hg. v. Helga Egner, Zürich 1998, S. 69–97.

Steindl-Rast, David: *Die Achtsamkeit des Herzens. Ein Leben in Kontemplation*, München 1997.